子どもといっしょに成長しよう

3日で気が楽になる「親」の本

浅田和伸

もくじ

1の巻

2の巻

8の巻

人に言えない悩みごと……171

1の巻

どうにかなる

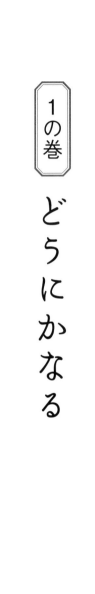

1 どうにかなります

はじめまして。

この本は、これから親になる人、なるかもしれない人、なったばかりの人、どうも不安だな、心配だな、と感じている人、そんな人たちに読んでいただきたくて書いています。もちろん男の人も、女の人も。

大変そうですよね、子どもを育てるって。親になるって。

これさえ読んでおけば、という教科書があるわけでもないし。

ああしなさいとか、これはダメとか、いろんなことを言う人がいるけど、とても全部なんかできないし。（わたしだって、できません。やってません。）そもそも、人によって言うことが違うし。

でも、ご心配なく。どうにかなります。

わたしは、長いこと国や県で教育行政の仕事をし、公立中学校の校長の経験もあります。

ついでに、二人の男の子の父親でもあります。あんまり出来《でき》のよくない親ですが。

これまでのたくさんの経験から、皆さんにぜひ、お伝えしたいことがあります。

一番強く願うのは、この本を読んで、**皆さんの気持ちが少しでも楽になってくれるといいな**、ということです。

その方がきっと、みなさんにとっても、またお子さんにとっても、幸せにつながると思うから。

だいじょうぶ。どうにかなります。

②子育てはみんな初心者

世間には〝育児のプロ〟とか〝子育ての専門家〟みたいな顔をしている方もおられます。

でも、そういう人だって、最初はよくわかっていなかったはずです。だって、初めから〝ベテランの親〟なんて人は、一人もいないんですから。

子育ては、みんな最初は素人《しろうと》、初心者です。一人の例外もありません。

あなたの親も、おじいさん、おばあさんも、学校の先生も、保育士さんも、産婦人科や小児《しょうに》科のお医者さんも、大学で教育学を教える人も、子育てセミナーみたいなところで講師をやっている人も、こんな本を書いているわたしも、全員がそうです。

人類の歴史上、ずっと、そう。

それでもどうにかなってきているんだから、そんなに心配しなくても、だいじょうぶなんですよ、きっと。

親も、子どもといっしょにゆっくり成長して、やがて一人前《いちにんまえ》の親になっていくんです。

そういうふうに考えれば、少しは気が楽になりませんか。

新しいことを始めるときに、「こんな難《むずか》しいこと、自分にできるかな」と不安になることがあるでしょう。わたしも、あります。初めてなんだから、自信がある方が変かもしれません。

そんな時、わたしはこう考えることにしています。

「あの人たちも全員できてるんだから、たぶん、どうにかなるんじゃないかな。」

で、たいていの場合、**実際、どうにかなります。**

3 親の思い通りになんか、なりません

子どもがちっとも言うことを聞かない。
いくら言っても直らない。
子どものためを思って、一生懸命《けんめい》言っているのに。

こんなふうにイライラしたり、困ったり、途方《とほう》に暮《く》れたりしている人、いませんか。
大変ですね。疲れますよね。
たぶん、そういう人は、山ほどいます。みなさんだけじゃありません。
子育ての「基本」だとわたしが思っている大事なことをお話しします。

子どもは、いくら親子でも、いくら可愛《かわい》がっていても、親とは別の命を持った、独立した人間です。

だから、**子どもは、親の思い通りになんか、なりません。**

なったら変です。ロボットじゃないんですから。

なのに、どうにかして思い通りに操縦《そうじゅう》したくて、それがうまくいかないことに悩んだり、腹を立てたり、子どもに当たったりしている親御《おやご》さんを大勢《おおぜい》見てきました。

また、そういう親に縛《しば》られて苦しんでいたり、かわいそうなくらい親に気をつかったりしている子どもたちも。

意識を切り替えましょう。

子どもが言うことを聞かなくなったら、むしろ、自我《じが》が育ってきたんだな、自分なりの考えができるようになってきたんだな、と喜ぶ方がいいくらいです。

親は親で、子どもの成長を楽しみながら、自分の人生を生きましょう。

自分のせいで親が苦しんだり悲しがったりしているのを見るのは、子どもにとっても、つらいことです。子どもにそんな思いをさせないことも、親の務《つと》めだと思うんですよ。

④ えらそうに言うもんじゃありません

小咄《こばなし》を一つ、紹介します。
アメリカ合衆国の初代大統領、ジョージ・ワシントンを題材にしたものです。

子どもがあまり勉強しないので、親父《おやじ》が
「ワシントンはお前の年頃には、お父さんに正直でよい子だと言われたという美談を残している。お前も少しは勉強しないか。」
と言うと、子どもは
「ワシントンはお父さんの年頃には大統領だった」

と言い返したそうです。(＊1)

漫画だったら、このお父さんが「ぎゃふん」と言いそうです。実際にそんなことを言う人は見たことがないですけど。

どうですか。みなさんも子どもに対して、このお父さんみたいなことを言っていませんか。

でも、**親だからって、子どもに偉《えら》そうに言うもんじゃありません。**

みんな、昔は子どもだったんですから。

はたから見ると、格好《かっこう》悪いですよ、たぶん。

わたしはむしろ、「自分が子どものときより、ずっとマシだな」と思うことが多いです。ダメな親の方が、子どもをやさしい目で見られるかもしれませんね。

5 そんなにしっかりしなくてもいいです

次は、有名な心理学者で、教育や子どものことについても深いお話をたくさん残されている河合隼雄《かわいはやお》という人が、学校の先生に向けて話された言葉です。この方は、高校の先生として数学を教えていた経験もあります。

教師というものになると、評価がどうしても近視眼的《きんしがんてき》になるんです。極端《きょくたん》にいうと、三年間教えたら三年のうちによい子にしたいと思ってしまう。中学校の先生なんかとくにそうなんだけれども、中学の三年間でよい子になんかする必要は全然ないんです。

長い人生から見れば、中学校のときに暴れたほうがあとで面白《おもしろ》くなったりするんですが、なかなかそれが見えにくいんですね。（＊2）

また、こんなことも言っています。

自分で教えていると、数学の出来《でき》る子はよい生徒、出来《でき》ない生徒は悪い子みたいに言うんですよ、やっぱり。そして、ついつい発言までそうなるんです。

しっかりしなきゃだめじゃないかとか言ってしまうんだけれども、なに、べつに数学が出来《でき》ないだけの話でしょう。**ほかのところではぼくよりもっとしっかりしているかもしれない。**（＊2）

みなさんも、子どもに「しっかりしろ」なんて、言ってませんか。

でもね、「しっかりする」って、相当難《そうとうむずか》しいことですよ。親だって、大人だって、そんなに全部のことがしっかりできているわけじゃないですよね。

わたしも「うっかり」することは多いですけど、あんまり「しっかり」はしてないなぁ。

ひょっとすると、子どものほうがしっかりしていることだって、あるかもしれません。真面目《まじめ》な話。

そんなに気張《きば》らなくていいんです。

2の巻

気の持ちよう

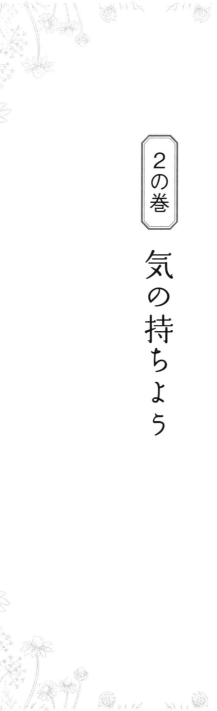

6 抱っこできるのは今のうち

わたしは、赤ちゃんや子どもを抱っこするのが大好きです。

最初は、おそるおそるでした。赤ちゃんの首が据《す》わっていないうち（しっかりしていないうち）は、触《さわ》るのが本当に怖《こわ》かったです。人に教えられた通りに、そうっと、そうっと、貴重《きちょう》な壊《こわ》れものを触《さわ》るみたいにしていました。

抱っこの仕方、からだの洗い方、寝かせ方、ミルクのあげ方、げっぷの出し方など、元から知っているはずがないし、上手《じょうず》にできる人もいません。

ちゃんと経験者に教えてもらって、「これでいいですか」と見てもらって、聞いて、確かめて、何回も練習して、少しずつ上手《じょうず》にできるようになるものです。

みんな、そうだから、心配しないで。

自分は下手《へた》だ、駄目《だめ》だ、なんて思う必要も全然ありません。

抱っこ、たくさんしてあげてください。

「してあげる」じゃないかもしれないな。

たくさん抱っこした方がいいです。自分のために。今のうちに。できるうちに。

なぜかというと、**抱っこが自然にできるのは、子どもが小さいうちだけだから。**

やがて子どもが成長するにつれ、抱っこの機会が減ってくるし、何となく気恥《きは》ずかしい感じにもなってきます。子どもから「抱っこして」と言わないのに、親から「抱っこさせて」とは言いにくくなるんですよ。

うちは男の子二人ですが、子どもたちが就職して家を離れることになったとき、本当は、「もう1回抱っこさせて欲しいな」と思って、けっこう心の中で悶々《もんもん》としました。

小さいときに抱っこした子どもが、どれくらい大きく、重くなったのか。その感触《かんしょく》を自分のからだで感じて、覚えておきたかったんです。きっと、すぐには持ち上がらないくらい重くなっているんだろうな。そうだとしても、それはそれで、きっとうれしいだろうな、と想像したりもしました。

でも、言えなかったな。やっぱり不自然だし、気恥《きは》ずかしくて。

子どもがそんなに大きくなる前に、もっともっと抱っこしておけばよかったな、と今頃になって思います。残念。

みなさん、抱っこは今しかできません。今のうちにいっぱい抱っこしましょう。

きっと、幸せな記憶として残るはずです。

7 かけた時間の分だけ大事になる

子育てできりきり舞い、てんてこ舞いしているみなさん。

本当に忙しくて、子どものことだけで手一杯、精《せい》一杯。

自分のことをしたり、考えたりする余裕が少しもない、と爆発しそうな（すでにしている？）人。

直接助けてあげられなくて、ごめんなさい。

みなさんが、ご家族か誰か、皆さんの大変さを理解してくれる人の助けを得て、少しでも楽になってくれることを切に願います。

その上で。

気休めにもならないかもしれませんが。

「肝心なことは目に見えない」

「きみがバラのために費《つい》やした時間の分だけ、バラはきみにとって大事なんだ。」（＊3）

あなたの大切なお子さんも、子どものために費《つい》やした時間も、あなたにとって、かけがえのない宝物です。

そういう宝物を持っているあなた自身のことも、大切にしてください。

あなた自身のためにも、あなたのかけがえのない宝物のためにも。

8 もう一回、子ども時代を楽しめる

子どもがいることで得られる大きな恩恵《おんけい》、楽しみの一つが、**子どもといっしょに、子ども時代の真似事《まねごと》を体験できる**ことです。**それも、大きな顔をして。**堂々と。

たとえば、自分の子どもが野球やサッカーや水泳を習ったり、ボーイスカウト、ガールスカウトの活動などに参加しているとします。親もいっしょに行って、練習を見たり、手伝ったり、子どもが家で練習をするときにつき合ったり、子どもとそのことについて話をしたりすることで、何だか自分もいっしょにやっているような気分を味わ

えます。

そんなことが堂々とできるのは、子どもを口実《こうじつ》にできるからです。

何にもないのに練習を見に行ったりしていると、怪《あや》しい人、変な人に見られかねません。


わたしは、自分ではボーイスカウトもサッカーもしたことがありませんでしたが、上の子がボーイスカウトをやっていたので「デン・リーダー」として合宿にいっしょに行ったり、下の子とサッカーの練習をしたりすることができました。そういうこと自体が、わたしにはとても新鮮で、楽しく、幸せな時間に思えました。

もちろん子どもの方がどんどん上手《じょうず》になるのですが、わたしは、子どもが自分を追い越していくのがとてもうれしかったです。

学校の勉強を見たり、絵や工作や自由研究をいっしょに考えたり、動物園や博物館や遊園地やプールなどに連れて行くのも、楽しかったなぁ。

もしも子どもがいなかったら、できていなかった経験がたくさんあります。

わたしは動物園が好きなので、子どもが小さいうちは、「子どもを連れて行く」という口実《こうじつ》で堂々といっしょに行けて、うれしかったです。妻は動物のにおいが好きでないらしく、まず行きたがらないので、もしも今、行くとしたら、妻にばれないようにこっそり行くしかありません。なんか、わびしいな。

9 自分の親もこうだったのかな

子どもの頃は、親の目線で物事を見ることはなかったですよね。会社でも似たようなことがあります。自分が20代の頃は、40、50代のおっさんたちのことは、まったく理解不能でした。自分がそのおっさんになると、外見は年をとって変わっても、中身はびっくりするくらい変わっていなくて、案外《あんがい》たいしたことなかったんだな、とわかるんですけど。

閑話休題《かんわきゅうだい》。（話題を戻すときの言い方です。なんか古風ですね。）

わたしが校長をしていた中学校では、地域の児童センターや民生《みんせい》委員の皆さんに御協力いただいて、毎年度、０歳の赤ちゃんたちとお母さま方、１歳の赤ちゃんたちとお母さま方に学校に来ていただき、生徒たちと触《ふ》れ合ったり、交流したり、赤ちゃんへの接し方を生徒に教えていただいたり、あわせて生徒たちがお腹《なか》の重い「妊婦《にんぷ》体験ジャケット」を着て妊婦《にんぷ》体験をしたりする「ふれあい学習」というのをやっていました。

面白《おもしろ》いですよ。赤ちゃんにどう接していいかわからなくておっかなびっくりの子がいたり、ふだんはどちらかというとやんちゃに見られている生徒が、実は赤ちゃんの抱き方やあやし方がとても上手《じょうず》だったり。生徒たちの、いつもと違う一面を見ることができます。

お母さん方からは、「中学生って、こわいイメージがあったけど、みんなかわいいですね。すっかりイメージが変わりました」という感想を毎年いただきました。そう。中学生って、かわいいんですよ。

この「ふれあい学習」では、事前に自分の親から、自分が赤ちゃんだったときの話を聞いてきたりもします。また、当日来てくださったお母さん方から、赤ちゃんのこと、育児のことを聞いたりもします。

生徒の感想文では、**「自分の親も、自分が赤ん坊のときは、こんな気持ちだったのかな」**と思いをめぐらせたりする様子が書かれていて、読んでいて思わず頬《ほお》が緩《ゆる》むことも、しばしばでした。

「愛された経験」は人をやさしくします。親子の間だけじゃないですけどね。

そういう経験を、子どもたちにたくさんさせてあげたいな、と思います。

10 家は「失敗の練習」をするところ

子どもたちには「失敗の練習」が必要です。

喧嘩《けんか》もそうですけど、失敗しながら、いいやり方、悪いやり方、ちょうどいい力《ちから》加減、人との関係などを覚えていくんです。

特に、**家や学校は、失敗の練習をするところ**です。

どんどん失敗させてあげてください。

家で「失敗しちゃダメ」と言われてしまったら、子どもたちはいったいどこで失敗すればいいんですか。外でいきなりやって、危ない目にあったり、人に迷惑をかけたりしたら大変ですよ。だからこそ、安全・安心に失敗できる場が必要なんです。

家で子どもに、外と同じように完璧《かんぺき》を求めるのは酷《こく》です。大人だって、家ではネクタイを外して、靴下を脱いで、お尻ポリポリかいて、時にはおならしたりもするでしょう。気を抜いて、力を抜いて、くつろげる場所でなきゃ、家は。

大人の目が届く安全なところで、思う存分、失敗の練習をさせてあげてください。

本当はちょっと意味が違うような気もするけど、発明王エジソンの有名な言葉も引用しておきますね。

「わたしは失敗したことがない。ただ、１万通りのうまくいかない方法を見つけただけだ。」

……１万回、失敗（ではなく、うまくいかないやり方の経験）をさせてあげましょう。

11 たいていのことは取り返しがつく

失敗には二通りあります。取り返しのつく失敗と、つかない失敗と。厳密《げんみつ》に言えば、時間は巻き戻せないですから、どんな小さなことだって「取り返しがつかない」ということになります。爪《つめ》、切りすぎちゃった、深爪《ふかづめ》しちゃった。これだってそうです。

だけど、ここでわたしが言う「取り返しのつかない失敗」というのは、時間が経てば回復するようなことではなく、また「ごめんね」と謝《あやま》ったらどうにかなるようなことでもなく、もっともっと重大なことです。

実際には、子どもがやらかすことなら、たいていのことは取り返しがつきます。

仕事でも「取り返しのつくミス」と「つかないミス」があります。わたしは、部下がミスをしたとしても、取り返しのつくミスはミスじゃない、気にしなくていい、と言います。あとで上司が対応してカバーできるのなら、そうすればいいだけのことです。そんなことでいちいち部下を責《せ》めて、その人がミスを恐れてチャレンジしなくなることの方がずっとまずい。

そりゃ、挑戦すれば、ミスをすることもあります。打率4割のバッターだって、10回に6回はアウトになるんですから。たくさん試合に出れば三振も増えます。三振の数を増やしたくないなら、試合に出ないのが一番安全ってことになる。でも、それじゃあヒットも打てません。実力もつきません。

前の項でも書いたように、子どもには「失敗の練習」が必要なんです。

人に怪我《けが》をさせたり、言ってはいけないことを言って人を深く傷つけたり、というようなのはダメですよ。そういう**「絶対にダメなこと」は、最初からはっきりと教えるべきだし、少しでも危ないと思ったら、何度でも注意する**ことです。

でも、**それ以外のことは、少し大らかに構《かま》えましょう。**

もちろん、自分の子どもがやらかしたことを、親が外に向かって「大したことない」なんて言うもんじゃありませんよ。親が非常識だと思われます。そうではなく、親と子の間では、小さな失敗をいちいち責《せ》めず、少し大らかになりましょう、ということです。誤解しないでね。

⑫ 世界で最後の一人になっても

これは「場合による」と言われそうだし、確かにそうかもしれないな、と思いながら書きます。

いいことではないですが、仮に、自分の子どもが何か悪いことをするとか、または、していなくても、したと思われて、大勢の人たちから批判されたり、責《せ》められたりするようなことになったとします。

そんなとき、親はどうするか。

子どもの年齢にもよるでしょう。子どもが小さいうちは、親は保護者として、子どもの言い分を聞いた上で、悪ければ注意をしたり指導をしたりする責任があります。それは当然やらなくてはいけません。

その上で。

きっと違う意見の方もおられるでしょうから、あくまでもわたし個人の考えとして書かせていただきますね。

わたしは、**仮に世界で最後の一人になっても、子どもの味方でいてやりたい**、と思っています。そのために自分も世間から石を投げられることになっても、子どもよりむしろ自分の身でその石を受けたいと思うでしょう。

……と思っていますが、仮に子どもが犯《おか》したのが、誰もが到底許せないと思うような極悪非道《ごくあくひどう》で卑劣《ひれつ》な犯罪の場合だったら、「それでも」と言えるかどうか。

自分の身に起こるとは思えないし、考えたくもないですが、実際には、不幸にもそういう立場に置かれて苦しんでおられる加害者家族の方もおられます。その苦しさは想像にあまりあります。

だから、軽々しく言ってはいけないことだと思います。

ただ、それでも親としては、「世界で最後の一人になっても」という気持ちというか、覚悟というか、そういうものを持っておきたいという気がします。

重い話になっちゃいましたね。ごめんなさい。

13 冒険できなかった

わたしの生まれ育った家は、瀬戸内海の小さな島で農家をしていました。

子どもの頃は、田植えや稲刈《いねか》りを手作業でやっていました。手には稲刈《いねか》りのときに鎌《かま》で切った傷跡《きずあと》が今も残っています。蛭《ひる》にもいっぱい血を吸われたなぁ。血がなかなか止まらないんですよね。都会の人は蛭《ひる》を見たこともないかもしれませんが。

両親には本当に感謝しています。高校に入るときに15歳で家を出た後も、後から考えれば、親の苦労も知らないで、お気楽に甘《あま》えてしまってばかりでした。弟、妹も含《ふく》め3人の子どもを学校に行かせるだけでもしんどかったことでしょう。本当に申し訳なかったと思います。

高校と大学を受験したとき、それぞれ1校というか1回しか受験はしませんでした。

実は当時は、経済的に厳《きび》しいということも、あまり意識していなかったのですが、大学受験のときに、こんなことがありました。

当時、既に受験する大学は決めていた（学部は迷っていた）のですが、高校の担任の先生が心配されたのでしょう、私立も1校受けてはどうかと勧《すす》めてくださいました。念のための滑《すべ》り止《ど》めで、ついでに慣《な》れるための練習にもなるということだったと思います。

島に帰省《きせい》した時に直接話したのか、電話だったかさえ覚えていませんが、父に、先生にそう言われたということを伝えて相談したところ、父から言われたのは「もし、そっち（私立）しか受からんかったら、行くんか?」ということでした。質問のように思われるかもしれませんが、そうではなく、学費の高い私立は無理だろ、だったら行かないところを受けたってしょうがないじゃないか、という意味でした。それもそうだね、とわたしもすぐに納得《なっとく》しました。

その上で、たぶんだいじょうぶとは思いつつ、落ちると後がないので、受ける学部は安全策をとりました。

もちろん、そのことに何の後悔もありません。

その後も、いろんな我慢《がまん》をしなくてはいけない場面がありました。「我慢《がまん》」や「節約《せつやく》」(ケチとも言う)は、慣《な》れているというか、身に染《し》みついているので、それを不自由に感じたこともさほどないのですが、自分のことだけでなく、他の人たちが困ったり苦しんだりしていることなども知り、こう気づきました。

経済的に余裕がないと、「失敗してもいい」「無駄《むだ》になってもいい」という挑戦や冒険ができない、と。

自分はもういいけれども、他の人たち、特に**子どもたちには、家にお金がないからといって、選択肢《し》を狭《せば》めなくていいように、せめて挑戦の機会だけは得《え》られるようにしてあげたい**です。

経済的なことって、読者のみなさんも状況はいろいろだと思いますが、間違《まちが》いなく言えるのは、それは子どものせいじゃない、ということ。お金の話だけでもないですけどね。

不快に感じられる方もいるかもしれませんが、正直に書きます。

わたしは、経済的にとても恵まれた家庭に育った人が、貧しい家庭に育って非行等を犯《おか》した人たちのことを上から目線であれこれ言うのを聞くと、「もしもこの人があなたのように恵まれた環境に生まれ育っていたら、こうはなっていなかったと思うよ」と言いたくなります。

経済的なこと、家庭や地域の環境のこと、病気、事故、災害など、親にとっても、どんなに努力してもどうしようもないことだってあります。

その意味で、世の中には「不公平」なことがあるし、完全にはなくならないでしょう。

だけど、そうであっても、せめて子どもたちには、その「不公平」を持ち込まないようにしてあげられないか。わたしが考える「教育の機会均等《きんとう》」は、そういうことでもあります。

3の巻

子どもの気持ち

14 お母さんとお風呂に入りたい

20年も前のことです。若い母親と同居していた男の人から日常的に虐待《ぎゃくたい》を受け、４歳で亡《な》くなってしまった男の子がいました。母親もあまり子どもの面倒《めんどう》を見ず、男の人が子どもに暴力をふるっても、男の人に嫌われたくないために止められなかった、ということでした。

あまりにも痛々しい、そのときの新聞記事のコピーを、わたしは今でも持っています。

「お兄ちゃんにたたかれた」
「お母さんに抱っこしてほしい」

○○ちゃん保育園でポツリ

「お母さんと一緒《いっしょ》にお風呂に入ったり、一緒《いっしょ》に寝たり、抱っこしてもらいたい。園長先生お母さんに言ってくれない？」

○○ちゃん（四つ）は事件直前の14日、母親の愛情を求め、保育園の園長に訴えていた。○○ちゃんが通っていた□□区の□□保育園の□□園長は21日記者会見し、目に涙を浮かべた。

保育園が初めて異常に気が付いたのは今年7月。顔と背中にあざがあったのを見つけた担任が問い詰《つ》めると、○○ちゃんは「テレビを見ながら食事中におつゆをこぼしたら『お兄ちゃん』にたたかれた」と明かし、虐待《ぎゃくたい》をうかがわせた。

○○ちゃんからの訴《うった》えを聞いた園長が△△容疑者に「ちゃんと相手をしてあげて」と諭《さと》した翌《よく》15日、○○ちゃんは「昨日《きのう》絵本読んでもらったよ」と笑顔を見せた。（＊4）

お母さんに抱っこしてもらいたい。かまってほしい。くっつきたい。

4歳の子どもの、ごくごく自然な願いです。

亡《な》くなる前に、ほんの少しだけ、かなった。

大好きな母親が自分のために絵本を読んでくれた。どんなにうれしかったことでしょう。

思い出すたび、読み返すたびに胸を締めつけられます。

くどくどと説明を加える必要はないですよね。

わたしは、どこの、どの子どもにも、こんな寂《さび》しい、悲しい、苦しい思いをさせたくありません。

こういう本を書かせていただいているのも、そのためです。

みなさんが、わたしと同じような気持ちを共有していただけることを、切に願っています。

15 大人にはゴミでもその子には宝物

大人《おとな》と子どもでは価値観が違います。より正確に言えば、大人《おとな》だろうと子どもだろうと、一人ひとり違うものです。

わたしが愛用していたシャツを妻が「断捨離《だんしゃり》」と称《しょう》して容赦《ようしゃ》なく捨てるように。

子どもは、大人《おとな》から見ればつまらないもの、ゴミみたいなものでも、宝物として大切にしていたりします。「思いを込める」とは、そういうことです。

だから、大人《おとな》の目で、子どもが大切にしているものを切り捨てないでください。悪く言わないでください。

他の人からどう見えようと、それはその子にとって貴《とうと》い、かけがえのないものです。

その「もの」を大事にするというより、「それを大切に思っている子どもの気持ち」を大切にしてあげてほしいんです。

この本で書いている他の多くのこともそうですが、これも、本当は大人《おとな》、子どもの区別なく言えることです。

思い出、記念品、友だち、ふるさと、家族、母国、何でもそうですが、誰かが心から大切に思っているものを、他の人が悪く言うものではないし、お互いにそういう気持ちを尊重《そんちょう》し合うような、みんなが心に宝物をたくさん持っている、そういうやさしい世の中になるといいな、と思います。

子どもが少し大きくなってきたら、「人が大切にしていることやものは、あなたも大切にしてあげようね」と伝えたいですね。大人《おとな》だって、そうできない人がいますから。

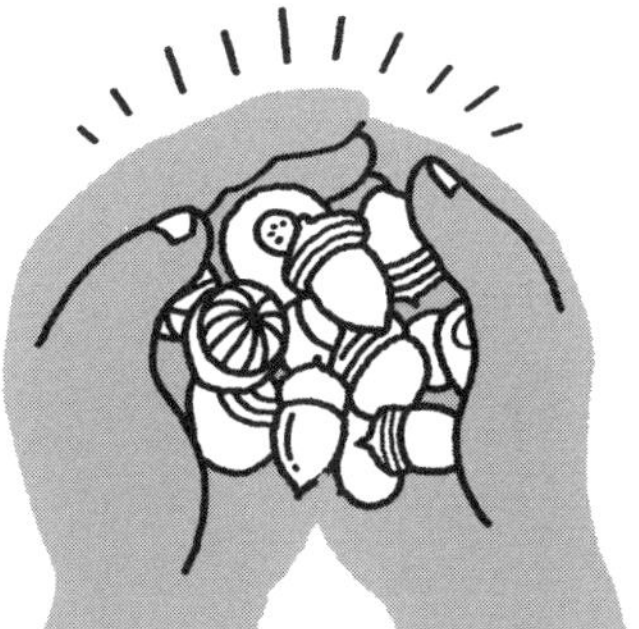

16

誰にも気づいてもらえない

大学で心理学を専攻に選んだ理由の一つは、非行心理や犯罪心理に興味《きょうみ》があったからでした。実際には、わたしが行った大学の心理学科は、実験心理や認知心理が中心だったのですが。

教育関係の仕事をするようになってから、その時々の仕事に直接関係がなくても、少年院や少年刑務所などを訪問して、様子を見せていただいたり、職員の方からお話をうかがったりしてきました。

『ケーキの切れない非行少年たち』（宮口幸治著、新潮新書）という本があります。著者は公立病院で児童精神科医をされた後、少年院に移られました。そしてそこで、病院に来るのは、実は比較的恵まれた子どもたちだったと気づきます。どうしてだと思いますか。

その子たちのことを心配し、病院に連れて来てくれる大人がいる、ということだからです。

少年院に来る、いわゆる非行少年たちは、「問題があっても病院に連れてこられず、障害に気づかれず、学校でイジメに遭《あ》い、非行に走って加害者になり、警察に逮捕《たいほ》され、更に少年鑑別所《かんべつしょ》に回され、そこで初めてその子に『障害があった』と気づかされる」という子も多いという現実があります。

この本の題名にもなっているのは、たとえばまん丸いケーキを何等分《とうぶん》かに切り分ける、というようなことができない認知《にんち》機能の弱さのことです。他にも、対人スキルや感情のコントロールの弱さなどが、彼らに比較的多く共通するものとして挙《あ》げられています。

ここで大事なのは、では、この子たちにはどういう教育や支援が必要なのか、効果的なのか、ということです。

たとえば基礎的な認知能力が低いとわかったら、練習問題をたくさん解《と》かせるのではなく、まずはその基礎的な認知能力を高めるためのトレーニングや支援をするのが先でしょう。

一口に「勉強が苦手《にがて》」といっても、その原因が何なのか。単にサボっているだけか、復習が足りないのか、体調や気分によるのか、それともまったく別の原因があって引っかかっているのかによって、やるべきことは違ってきますよね。

書字《しょじ》障害の子どもの中には、頭の中ではわかっていても、マス目や線に合うように上手《うま》く字を書けないという子がいます。そういう子は、学校のテストなんかも答えを書けないので、成績が悪く、「勉強が苦手《にがて》な子」と見られがちです。

でも、キーボードを使って入力できる環境があれば、見違《みちが》えるような立派《りっぱ》な文章を書けたりするんです。そういう子ども、そういう人が現《げん》にいます。

「誰にも気づいてもらえない」でひそかに苦しんでいる子だっているかもしれない。

そういう可能性だってあるんです。

だから、**外から見てすぐわかることだけでなく、その内側にまで、想像力を働かせることができるといいですね。**

ひょっとしたら、そうかもしれない、と思うだけでも、大事なことです。そして、どうしても心配なときは、お医者さんや、専門家の方に相談してみることをおすすめします。

17 ここだったら下手と言われない

子どもの頃、わたしは体も弱く、運動はまったくダメでした。
そんなわたしが、仕事で体験したことです。

ある会議で、発達障害児の運動発達支援とパラリンピック・ムーブメントに関する研究をしておられる澤江《さわえ》幸則《ゆきのり》筑波大学准《じゅん》教授のお話をうかがいました。スポーツが得意《とくい》でない発達障害の子どもたちが、苦手《にがて》でも、不器用《ぶきよう》でも楽しめるような場や活動についてのお話でした。
そういう子どもたちは、学校の体育などでもうまくできないために、運動の機会自体から遠ざかってしまいます。「ここだったら下手《へた》と言われない」と思える場があればいいのですが、それがなかなかありません。

一方、そんな子たちでも、機会や環境に恵まれれば、たとえば走っている時に「いいフォームだね」と一言ほめられたことをきっかけに走るのが好きになり、やがて夢中になり、大人になっても続けたりするようになる、ということでした。

この話を、わたしは自分の経験と二重写《にじゅううつ》しにしながら聞きました。わたしも子どもの頃は病気のため運動を制限されていて、そのせいでもないのかもしれませんが運動は苦手《にがて》で嫌いで、そのままスポーツと無縁《むえん》の大人《おとな》になりました。

20代で、割《わり》と若手の職員が多い職場にいた時に、駅伝大会の人数合わせだったんでしょう、声をかけてもらいました。練習で仕事場の周《まわ》りをヨタヨタ走っていたら、すれ違った人に「軽快だね」と言われたことが妙《みょう》にうれしくて、以来、ジョギングだけは続けています。

……あれあれ、なんだかよく似た話だぞ。

思うに、澤江先生のお話は、発達障害児に限らず、運動（体育）が苦手《にがて》なすべての子に当てはまるんじゃないでしょうか。もっと言えば、体育だけでなく、音楽でも美術でも英語でも、それ以外の教科や活動でも同じじゃないでしょうか。

校長時代、体育の先生方には、苦手《にがて》な子もいるだろうけど、少なくとも運動を嫌いにはさせないであげてくださいね、と話していました。嫌いになって遠ざかりさえしなければ、いつかまた新しい出会いや発見で、好きになる可能性はあるんですから。

わたしは、誰もが「自分は駄目《だめ》だ」と嫌《いや》な気持ちにさせられないで人生を楽しめる社会を願います。

せっかく部活動に入ったのに、他の生徒から下手《へた》だと馬鹿にされ、いじめられた生徒が自殺に追い込まれるというニュースもありました。どうしてそんなことになるのか。切なく、いたたまれません。

ここだったら下手《へた》と言われない。

家庭や学校は、そういう場でなくちゃ。

「できない子」や「苦手《にがて》な子」「不器用《ぶきよう》な子」に寄り添《そ》って欲しい。

その子たちから前向きに生きる元気を奪《うば》うような劣等感《れっとうかん》を持たせないであげて欲しい。心からそう願います。いろんなことが苦手《にがて》だった、もと子どもの一人からのお願いです。（＊5）

18 茶色のクレヨンと涙

プロ野球のオコエ瑠偉《るい》選手がツイッターで「物凄《ものすご》く嫌《いや》だった過去」として幼《おさな》い時からの経験をつづっていました。彼のお父さんは、もともと外国の方です。

保育園で親の似顔絵を描《か》くときに、「親の顔は肌色《はだいろ》で塗《ぬ》りましょう」と言われ、「反抗心からか涙ながら、茶色のクレヨンをとり親の顔を書いた」。

「家のベランダから外を眺《なが》めながら、ここから飛び降りて生まれ変わって、普通の日本人になれるかなとか、考えてた」。

……小学校に入る前の子どもが、ですよ。

小学生になって野球を始めると、「先輩達《せんぱいたち》は、俺《おれ》の肌《はだ》の色をあざ笑いながら、お前の家では虫とか食うんだろうとか（中略）汚い言葉の数々で罵《ののし》られ、殴《なぐ》られる」。

「学校では、他の学校のヤンキー達《たち》が、ただ俺《おれ》の肌《はだ》の色だけを見て喧嘩《けんか》をうってくる」。

こんな経験をずっとしていた間、彼の近くにいた大勢の人たちの中で、いったい何人が彼の孤独《こどく》、悲しみ、苦しみ、怒り、家族への思いに気づいたでしょうか。

同じように、理不尽《りふじん》な偏見《へんけん》、差別に苦しめられ、傷つき、心に血を流し、絶望の闇《やみ》にいる子どもは、今でも大勢いると思います。

わたしの近くにも。あなたの近くにも。

わたし自身、こんなことを言う資格なんかないのかもしれません。仮にオコエ選手がいじめられていた時に、同級生や友達としてその近くにいたとして、何かできただろうか、と考えてしまうからです。皆さんはどうですか。

でも、なくしましょう。やめましょう。こんな、人を傷つけるだけのこと。

みんながそういう意識、気持ちになれば、わたしたちの社会はもっとずっと、みんなが生きやすいものになるはずです。(＊6)

19 心の傷

人の心の中は見えませんが、誰しも心に傷を負《お》っているのでしょう。
わたしも「心の傷」というタイトルで、こんな文章を書いたことがあります。

15歳から一人暮らしをし、行政などという、ある種《しゅ》の勁《つよ》さを必要とする仕事をしてきたせいか、今ではどちらかと言えば精神的にタフな部類に入っていると思いますが、子どもの頃は体も弱く繊細《せんさい》で、いろんなことで傷ついてばかりいました。
自分には何の取り柄《え》もないとしか思えず、自己肯定《こうてい》感どころか、よく一人で山や納屋《なや》に隠《かく》れて泣いていました。

つらいことはたくさんありましたが、中でも一番嫌《いや》だったのは「自分ではどうしようもないこと」を言われたり、笑われたりすることでした。自分だって変えられるものなら変えたい。けれども、本当にどうしようもないのですから。

だからわたしは、人にはそういうことを絶対に言わないと決めています。家族がそれらしいことを口にすると「それは言ってはいけない」といちいち釘《くぎ》を刺すので、家でもややこしい奴《やつ》だと思われています。（他にも原因があるような気もしますが。）

先日、新聞に「担任が児童いじめ」という記事が出ていました。公立小学校で高学年を担任する50代の教員が、昨春《さくしゅん》から数回にわたり（つまり継続的に）、他の児童の前で、肌《はだ》の弱い子どもが体を掻《か》く動作《どうさ》を真似《まね》したり、からかうようなことを言ったりして、それを見た同級生も、先生がそんなことをするのがよほど嫌《いや》だったのでしょう、ストレスからカウンセリングを受けるようになったというひどい話です。

体のことでつらい思いをしているうえに、本当なら子どもを守るべき担任からこんな仕打ちを受けて、この子は心にどれだけ血を流したことでしょう。教室に行く足はどんなに重かったことでしょう。

この人はいったい何がしたくて教師になったのか。

「人の気持ちがわかる」とは、冗談《じょうだん》を言って笑い合うことではありません。人のつらさ、苦しさ、悲しみ、孤独《こどく》。それらを自分のことのように感じ、寄り添《そ》うことでしょう。

私は随分《ずいぶん》年を取りましたが、私の中には今でも、「もう死んだ方がいい」と泣いて泣いて、優《やさ》しかった祖父を悲しませてしまった、幼い頃の自分がいます。（＊7）

20 手

校長時代の印象深い思い出の一つです。

手の温度なんて自分で調整できるものではないのに、「手の温《あたた》かい人は心が冷たい」などという歌があるせいで、若い頃は「心が冷たいんですね」とあらぬ疑いをかけられました（誰にだ？）。
それが最近はやたらと手が冷えます。年を取ると血管が弱り筋肉が減ってそうなるらしいです。老化です。

欧米に比べ日本はスキンシップに自制的な文化に思えますが、少なくとも子どもが幼い間の抱っこなどのスキンシップの重要性は、ほとんどの人に理解されていると思います。とはいえ、学校でのセクハラなどの問題もある中、教職員と生徒との身体的接触《せっしょく》には極力《きょくりょく》慎重《しんちょう》でなくてはなりませんが。

中学校長時代、ある女子生徒から握手《あくしゅ》を求められたことがありました。父親が急に病気で亡《な》くなられ、それだけでも大変な衝撃《しょうげき》だったでしょうに、母親も心労《しんろう》で苦しんでおられ、わたしたちもその生徒のことをとても心配しながら見守っていました。

風が冷たい冬の休日、近くの小学校で地域の催《もよお》しがあり、彼女も他の生徒たちといっしょにボランティアとして参加してくれていました。渡《わた》り廊下《ろうか》でその生徒たちとあいさつを交《か》わしてすれ違った後、彼女だけが引き返してきました。そして「校長先生、握手《あくしゅ》してください」と手を出しました。いいよ、と応じました。

「校長先生の手、温《あたた》かい」と微笑《ほほえ》んだ彼女の顔……。その内側にどれだけの孤独《こどく》や悲しみ、不安を抱えていたことか。どんなに父の温《ぬく》もりを求めていたことか。それが痛いほど伝わってきました。

直接のふれあいって、本当に大事です。人の手の温《あたた》かさややわらかさで、寂しい心や傷ついた心が癒《いや》されることがあるから。

堅物《かたぶつ》だったわたしの父が60過ぎで亡くなる直前、体が弱って、もう声も出にくくなっていたのに、お見舞《みま》いに来てくださっていた幼馴染《おさななじみ》の女性に「あんたと手ェつないでフォークダンスしたなぁ」としみじみと呟《つぶや》きました。父がそんなことを言うなんて意外だったので、印象に残っています。

わたしや弟、妹が幼い頃、父にはよく体をくすぐられたり顔をなめられたりしました。当時は嫌《いや》で逃げ回っていましたが、後から思うと、あれは不器用《ぶきよう》な父なりの愛情表現だったのかな、とも思います。動物みたいですけどね。（＊8）

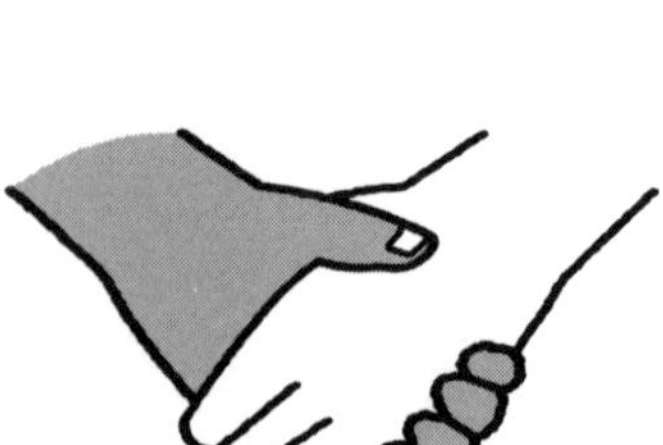

4の巻

幸せな生のために

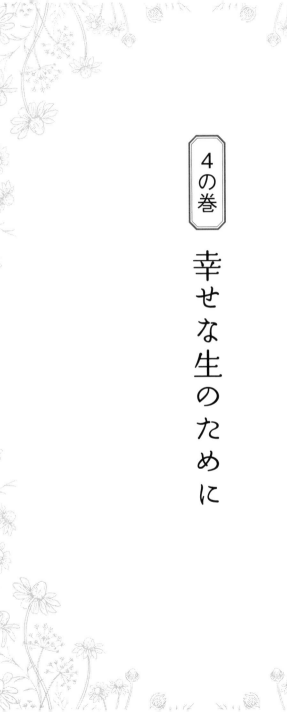

21 教育は人を幸せにするため

次の文章は、主に学校の先生方に、教育の国際的な動向を知っていただきたくて書いたものです。カタカナや横文字が多くて意味わからん、という方もおられるでしょう。ごめんなさい。でも、それでかまいません。我慢《がまん》できる範囲で読んでいただけるとうれしいです。

「ラーニング・コンパス」「ウェルビーイング」「エージェンシー」などの言葉を教育の文脈《ぶんみゃく》でお聞きになったことがあるでしょうか。私自身も、文部科学省の白井俊さんが書かれた『OECD

Education 2030プロジェクトが描《えが》く教育の未来――エージェンシー、資質・能力とカリキュラム』（ミネルヴァ書房）で勉強しました。OECD（経済協力開発機構）では2015年から「OECD Future of Education and skills 2030」プロジェクトを進めてきました。白井さんはOECDで直接これに関わっています。第一期を終えて、2019年に公表したレポートが「OECDラーニング・コンパス2030」です。

ラーニング・コンパスは直訳すれば「学びの羅針盤《らしんばん》」です。「幅広い教育の目標を支え、『私たちが実現したい未来』、すなわち個人及び集団としてのウェルビーイングの実現に進んでいくための方向性を示す」ものとされています。

ラーニング・コンパスの目標とされているのがウェルビーイング、つまり人々が心身ともに幸せな状態です。わたしの理解では、ここで特に大事なのは、**教育は人を幸せにするためのもの**、という目標を明確にしていることです。決して目先の利益《りえき》などではありません。これは「教育で一番大事なことは何か」という根源《こんげん》的な問いとかかわります。わたしはこの考え方に共感します。

そして、ラーニング・コンパスで中核的概念《がいねん》とされているのがエージェンシー（原語はスチューデント・エージェンシー）です。

「**変化を起こすために、自分で目標を設定し、振り返り、責任を持って行動する能力**」のことですが、これだとまだ抽象《ちゅうしょう》的ですよね。より分かりやすいのは、白井さんの本にある「他者が設定したゴールに向かうだけでなく、『**そもそも、設定されているゴール自体が適切なものなのか**』（**中略**）**といったことまで考えていくこと**」という説明でしょうか。まさにこういう主体的に動く力、物事を動かす力を伸ばしたいですよね。

それは、わたしたち大人《おとな》にも必要な力です。
人間が作ったものは、変えようと思えば変えられるんですから。（＊9）

最後の「そもそも、設定されているゴール自体が適切なものなのか」といったあたりは、たとえば、学校の校則の問題などを思い浮かべるとわかりやすいかもしれませんね。

「どう守るか」だけじゃなくて、「そもそも、こんなルール必要？」「こう変えた方がいいんじゃない？」「そのためにはどうすればいいんだろう？」というようなことを考え、実際に人と協力しながら変えていくことができるといいですよね。

「エージェンシー」というのは、たとえば、そういう力です。

22 得意を伸ばす、夢を追う

誰にでも得意《とくい》なこと、苦手《にがて》なことがあります。

たとえば、Aが得意《とくい》で、Bが苦手《にがて》だとしましょうか。

よく言われるのは、日本では「Aが少しくらいできても、Bができないのはダメじゃないか」と、全体としてはマイナスの評価をして、苦手なBを克服《こくふく》することに力を注がせようとする。

他のある国では、「Bができなくても、Aができるなんてすごいじゃないか」とほめて、もっとAを伸ばそうとする。

少なくとも日本については、確かにそういう面があるな、と感じます。

苦手《にがて》を克服《こくふく》しなさい、弱点をなくしなさい、と言われてきませんでしたか。

で、どちらのやり方が子どもが力を伸ばせるか。どちらが子どもが生き生きするか、元気になるか。

考えるまでもないくらい、明らかですよね。

わたしは、「得意《とくい》を伸ばす」ことを、日本でも、もっともっと重視、尊重《そんちょう》するべきだという考えです。大人だってそうです。**好きなこと、得意《とくい》なこと、夢中になれること、時間を忘れて没頭《ぼっとう》できること。そういうことに、限りある人生の時間を、思う存分に使うべき**だと思っているんです。

得意《とくい》を伸ばす。夢を追う。

同じようなことは大勢《おおぜい》の方が言っておられます。

わたしが校長の時は、2010年（平成22年）にノーベル化学賞を受けられた米国パデュー大学の根岸英一特別教授が、若い世代へのメッセージとして語られた言葉を生徒たちに紹介しました。

「好きな分野を見つけ、得意《とくい》であることが分かったら大きな夢を追え。うまくいくと信じる楽観《らっかん》主義が大切。」

だけど、社会はなかなか一気には変わりませんね。

でも、やがてはそう変わっていくと信じています。わたしは日本の教育、社会全体がそういう考え方になることを願っています。

たとえば入学試験も。全部をまんべんなくできる人も、もちろんとてもすばらしいと思いますが、**凸凹《でこぼこ》があったっていいじゃないですか。凸《でこ》を伸ばしましょうよ。**

親としては、子どもが苦手《にがて》なこと、できないことを埋《う》めてあげたいと思う気持ちはわかるんです。でも、みなさんも経験していませんか。苦手《にがて》なことをヒーヒー言いながらやらされる時間って、幸せでしたか。わたしはイヤだったな。同じ時間を好きなことに向けられたら、どんなによかっただろうと思います。

見方を変えませんか。**「〇〇ができなくても、〇〇ができるなんてすごい」**って。

23 強い力と、弱さを思いやる力

これは、主に学校関係者向けに発行されている教育情報誌に書かせていただいたものを縮めたものです。学校の先生向けだと思って読んでください。

わたしは仕事がら、「これからの教育」のようなテーマで教育関係の皆さんにお話しする機会も多いのですが……。

「変化の激しいこれからの時代を生きる子どもたちに必要な力」というような話になると、どうしても「さまざまな社会的変化を乗り越え、豊かな人生を切り拓《ひら》き、持続可能な社会のつくり手となることができる」というような、たくましく強い力のようなものが強調されがちです。

もちろん、それはとても大事だし、目指《めざ》すべき方向性だとは思います。でも、冷静に考えて、ハードルはかなり高いです。わたしだって、そんなことができているなんて、恥《は》ずかしくて言えません。子どもたちも、みんながみんな、そういう力を十分に持てるわけではないでしょう。

では、それができない子どもは駄目《だめ》なのでしょうか。決してそんなことはありません。

教育で大事なのは、強い力を育てることだけではありません。**人の弱さや痛み、悲しみや孤独《こどく》などをわかる力。思いやる力。そういうものも、人として、また教育において、限りなく大切です。**おそらくどんな時代でも。

目新しくないからか、あまり言われていないような気がするので、そういう力を育《はぐく》むことこそ教育の核心《かくしん》ではないですか、と言い続けなくてはいけないないなと感じています。
自分で前に進んでいける強い力。人の弱さを分かり、思いやれる力。両方とも忘れず大事にしたいものです。(＊10)

保護者の皆さんにもお伝えしたいことです。
みなさんは、どう思われますか。

24 生意気でいい

子どもがややこしい、理屈《りくつ》っぽいことを言うと、嫌《いや》な顔をする大人《おとな》も多いです。

学校でもそうで、先生にいちいち理屈《りくつ》でくってかかり、なかなか引き下がらない生徒は、「ややこしい」と思われたりします。

元「ややこしや」だったわたしが言うと説得力がないかもしれませんが、理屈《りくつ》立てて話をするのはそう簡単なことではありません。わたしはむしろ、成長の証《あかし》だと評価すべきだと思っているくらいです。

大人《おとな》は、大人《おとな》なんですから、「なかなかやるじゃないか」と大きく受け止めてあげましょう。

一部の先生が眉《まゆ》をひそめていたような「ややこしや」の生徒も、わたしにはかわいく思えました。本人なりの言い分があるのだから、頭から否定《ひてい》したり押さえつけたりしないで、まずはそれを聞いてあげるのがいいと思います。途中でいちいち口をはさむと、だいたい余計《よけい》にこんがらがるので、一通り最後まで聞いてあげるのが正解です。

その上で、その理屈、考え方の弱い点や、理屈《りくつ》ではそうなるけれども実際にはうまくいかない点とその理由などを、興奮せず、静かに話してあげることです。

子どもと論争して勝つこと、相手をやり込めることが目標ではないので、子どもの言い分が正しいときや、いい着眼点だなと思うことがあれば、ちゃんと評価してあげましょう。

別に負けたっていいじゃないですか。減るもんじゃなし。

わたしは、**子どもは生意気《なまいき》でいい**と思っています。頼もしいくらいです。

職場でも、生意気《なまいき》な部下や若手は好きですよ。わたしが上からそう思われていたかは、怪《あや》しいですけど。

25 人に嫌なことをしない

子どもに教えるべき大事なことはたくさんありますが、その中でも絶対に抜かしてはいけないことの一つが**「人に嫌《いや》なことをしない」**です。当たり前ですよね。でも、子どもにとっては、人との関係を上手《じょうず》につくるのって、かなり難《むずか》しいことです。

子どもにも「嫌《いや》」という感情はあります。「自分がされて嫌《いや》なことは、他の子だって嫌《いや》だよね、されたくないよね。だから、そういうことは人にしないようにしようね」ということも、ちゃんと説明すればわかります。

あとは、いざ、その場になったときに、我慢《がまん》がきくかどうか。これも、まだ自分が中心の子どもにとっては、そんなに簡単なことではありません。
他のことと同じです。とにかく、少しずつ、少しずつ。

26 「してくれない」と言わない

中学校長時代、生徒や保護者の皆さんに、「中学校は大人《おとな》になる学校です」と話をしていました。

実はこれ、大村はまさん（長年、中学校の国語の先生を務められた高名な教育者の方です。）の言葉をお借りしたものです。

「大人《おとな》になる」ってどういうことでしょうか。

わたし自身は、その尺度《しゃくど》の一つは、**「（人が自分のために何々を）してくれない」と言わない**ことだと考えています。

つまり、人のせいにしないこと。自分で責任を引き受けられるようになること。

「してくれない」って、甘《あま》えた言葉だと思いませんか。やってくれたらいいな、と人を当てにして、そうならないと相手を責《せ》める。頼むならはっきり頼めばいいし、頼んでないなら期待する方がおかしいですよね。不平を言うくらいなら、最初から自分でやればいいんです。念のために断っておきますが、わたしは自分にはそういうルールを課していますが、人にそれを押しつけたりはしません。自分では「してくれない」なんて絶対に言いませんが、人が言ったからといって批判したりもしません。要《よう》するに、人のことをいちいちどうこう言わない、ということです。

（なお、妻がわたしに「……してくれない！」と不平や非難《ひなん》を口にする時は、聞こえないふりをすることがあります。というか、妻の話は、なぜかわたしの耳には聞こえないことが多いのです。加齢でしょうか。それとも……。）

27 息を合わせる

「息を合わせる」という言葉があります。

「あのチームは、みんな息が合ってるね」というように使います。

誰かと調子を合わせて気持ちを一つにすることですが、わたしは、そういうたとえではなく、文字通り「息を合わせる」ことがあります。

それは、子どもが熱を出して赤い顔で苦しそうに寝ているときなど。

子どもがハァ、ハァと苦しそうに呼吸している様子を見ると、このままどうにかなっちゃうんじゃないかと心配になります。熱や頭痛などの苦しみを、移せるものなら自分のからだに移して代わってやりたくなります。

そんなとき、わたしは、子どものそばにいて、**熱く火照《ほて》った手を握《にぎ》って、子どもの呼吸に自分の呼吸を合わせます。**子どもとまったく同じペースで、自分も息を吸ったり吐いたりするんです。ずっと。ずっと。

科学的には何の意味もないでしょう。でも、そうすることで、なんだか子どもと同じ苦しみを、いっしょに体験しているような感覚になれるから。

そして、これもまったく科学的でないのはわかっていますが、いま子どもを襲《おそ》っている熱や痛みを、こちらにほんの少しでも持って来られるような気がするから。

昔、「痛いの痛いの、飛んでいけ」というのがありましたが、逆ですね。「痛いの痛いの、こっち来い」です。

もちろん相手は何も気づいていないんですよ。気づいたら、変なおじさんだと思うかもしれません。

でも、いいんです。

自分がそうしたいからするだけだから。

子どもが熱を出してうんうんうなったりしてるとき、試しにやってみてください。

って、人におすすめするようなことでもないのかな。

5の巻

長持ちする力

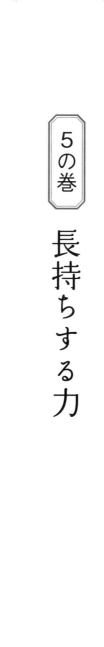

28 何が何でも「良い習慣」

子どものうちに「良い習慣」を身につけることは、とても大事です。**基本的な生活習慣や学習習慣、読書の習慣などの「良い習慣」を身につけることが、その子の人生にどれだけ大きな助けになるか。**

校長時代にわたしが繰り返し言っていたのは、たとえば、あいさつ、姿勢、早寝・早起き・朝ごはん、毎日短時間でもいいから家で勉強したり、本を読んだりする習慣をつけることなどです。これらは、すぐに役に立たなくなる細かい知識と違い、一生涯《いっしょうがい》役に立つ、まさに「生きる力」です。

もちろん、そんなに簡単にはできません。何回も何回も繰り返して、からだに沁《し》み込ませないと「習慣」にはなりません。

あいさつなどは典型です。理屈《りくつ》より、まず習慣にしてしまいましょう。

「どうして時間に関係なく『おはよう』と言わないといけないのか」とか何とか、イチャモンをつけようと思えばいくらでもつけられますが、世の中の習慣というのは、たいてい、理屈《りくつ》を超えたものです。

「習慣」づくりに必要なのは、根気と一貫《いっかん》性です。

親も、2回や3回、5回や10回、子どもができなかったくらいでキレてちゃダメです。そんなに簡単にできるようになるなら誰も苦労しません。怒るのではなく、子どもが自然にできるようになるまで、繰り返し繰り返し、何百回でも、何万回でもいいじゃないですか、やさしく注意してあげましょう。

そのうち必ずできるようになりますから。わたしたちだって、子どもの頃、きっとそうやって育ってきたんです。

もう一つ、一貫性《いっかん》というのは、ブレないこと。毎回言うことが違ったら、子どもだってどうしていいかわからないし、習慣になんか、なりっこありません。この点では、次の項の「〇〇家のオキテ」なんかもヒントになるかもしれません。


日本の子どもたちは他の国に比べて自己肯定《こうてい》感が低いと言われます。自分に自信が持てていない、ということですね。

自信を持たせるには「ほめる」ことが大事、とも言いますが、わたしは、自信を持たせるための一番の正攻法は「できるようにすること」だと思っています。

自信を持てて、目標を見つけることができれば、子どもは自然に伸びていきます。

そのためにも、子どものうちに、何が何でも「良い習慣」をつけること。
これが「基本の基本」です。

29 ○○家のオキテ

かつて会津藩《あいづはん》では、6歳から9歳までの藩士《はんし》の子どもたちが十人前後の「什《じゅう》」という組（グループ）を作って、「什《じゅう》の掟《おきて》」と呼ばれる7つの約束ごとを守るよう、お互いに励《はげ》まし合っていました。

「什《じゅう》の掟《おきて》」の最後は「ならぬことはならぬものです」という言葉でしめくくられます。「ダメなものはダメ」という意味ですね。問答無用。とにかく守らなきゃアカンということです。

この「什《じゅう》の掟《おきて》」には、「うそをつかない」「卑怯《ひきょう》な振《ふ》る舞《ま》いをしない」「弱い者いじめをしない」「外でものを食べない」など、今でも子どもたちに（本当は大人にも）教えたい「教育の基本」がたくさん含まれています。

中には「外で女性と言葉を交わしてはいけない」という、今の時代には合いそうにないものもありますけど。

で、提案ですが、それぞれのご家庭でも**「○○家《け》の掟《おきて》」「うちの約束事」のようなものを作ってみては**どうでしょうか。どういうルールにするか、家族で相談し、アイデアを出し合うのもいいと思います。ひょっとすると子どもたちから「家でおならをしない」などという、親に厳《きび》しいオキテが提案されるかもしれませんが。

コツは、欲張らないこと。

無理しないとできないようなものは、長続きしません。数も少ない方がいいです。1つでもいいし、多くても3つまで。子どもだけに押し付けるんじゃなくて、家族みんなで守ろうね、と言えるものがいいです。罰《ばつ》や叱《しか》ることが目的じゃないですから。

それに、親が率先《そっせん》して手本を示さなきゃ。自分ができもしないことを人に求めるのは、わたしは嫌いです。自分ができることだって、人に押し付けるものじゃないですけどね。

ちなみに、我が家では昔、子どもが小さい時に、わたしが（たぶん「什《じゅう》の掟《おきて》」の真似《まね》をして）「浅田家の掟《おきて》」を作り家の中に貼ったことがあります。おはようとあいさつするとか、脱いだ靴《くつ》をそろえるとかいうことだったと思います。いつの間にか（かなり短期間のうちに）どっかに行ってしまいましたが……。

まあ、家の中の話題づくりだと思って、気張らずに、楽しむつもりでやってみてください。

30 「自分でできる」ようにする

3年間、公立中学校の校長を務めました。

その間に、子どもたちからも、保護者の皆さんからも、学校を応援してくださったり関わってくださる地域の方からも、いっしょに仕事をした教職員からも、他の学校や教育委員会の人たちからも、たくさんのことを教わりました。そういう体験を通して、自分自身で考えを深めることができたことも数多くあります。

学校は何をするところか。子どもたちのために何をすべきか。

教科の知識や技能を体系立てて教えることの重要性は言うまでもあ

りません。でも、それだけじゃない。教科の力はもちろん大事ですが、同時に、特に初等中等教育（幼稚園から小学校、中学校、高校段階までの教育のことです。）では、かすかな風にもそよぎ傷つく子どもの心に寄り添《そ》うことのできる感性なしに、教師は務《つと》まりません。

だけど、それだけでも足りません。いくら子どもを慈《いつく》しむ気持ちが強くても、教師はずっと子どものそばについていることはできません。彼らはやがて必ず巣立《すだ》っていきます。

その時に、**助けてくれる人がそばにいなくなった後でも一人でできる力**を育てるのが、限られた期間だけ子どもを預かり教育をする学校の役目だと、わたしは思います。

学校で教える基礎学力も、基本的な生活習慣や学習習慣も、道徳性や体力や社会性も、すべてはそのためのものだと言っていいくらいです。

そういう力を伸ばしつつ、大人の目で見守り、「自分でやる」練習を積ませることが学校の役割ではないでしょうか。

……というのは学校の話でしたが、実はこれは、家庭にも当てはまることです。

親から見ると、我が子はいつまでも「子ども」ですが、大人か子どもかという区分で見れば、子どもたちもやがては大人になり、親から独《ひと》り立ちする日が来ます。いくら親として心配でも、さすがに四六時中《しろくじちゅう》、子どもに付き添《そ》っていることはできません。

だから、家庭でも、子どもが子どものうちに、「自分でできる」力を育てることを意識したいですね。

31 言葉の力

中学校長の時の体験から感じたことの一つが、**自分の考えや気持ちを人に伝えることの難《むずか》しさ**と、そうできる力が十分でないために、人にうまく伝えられなくてイライラしたり、投げやりになったりする子どもたちが少なくないな、ということでした。

たとえば、何か悪いことをして、どうしてやったのかと聞かれたときに「別に……」としか言わない子がいます。ふてくされているように見えますが、自分の気持ちをうまく言葉にできなくて、そんな態度をとる子も多い、というのがわたしの実感です。

言葉は、大事です。

親は、子どもの様子や顔色を見て、先回りしてその気持ちを汲《く》んであげることもできるでしょう。でも、他の人はそういきません。その他の人たちにも、子どもが自分で考えを伝えられるようにするには、言葉の力をつけることが必要です。

正しい言葉づかいを覚えたり、いろんな場面で使い分けられるように、たくさんの言葉を覚えたりすることも大切です。

そして、これもまた、実地で練習を重ねることで上手になっていくものです。作文もそうだし、人前で話すこと（発表、スピーチ、面接など）もそうです。

家でも、**親が先回りして子どもの話を折《お》ってしまわないで、最後まで省略せずに話させてあげてください。**そして、子どもの言いたいことがわかっているのでしたら、「そういう時は、こんなふうに言った方がよく伝わるよ」と教えてあげてください。

また、大きなお世話だと言われるかもしれませんが、大人も、新聞や本を読んだり、子どもに対して丁寧《ていねい》な、正しい言葉で話をするようにするといいと思います。子育てだけでなく、いろんな場面で役立ちますよ。

よし。早速《さっそく》、図書館と本屋さんへ行こう。

32 続ける力

これも校長時代によく生徒たちに話したことです。

「どんなことでも、1年間毎日続ければ必ず成果が出るから、だまされたと思って、やってごらん。」

「続ける」ことの効果は本当に大きい。けれど、自分自身の反省も込めて言いますが、「続ける」のはとても難《むずか》しい。

たとえば、感動的な映画や本、人の話などで刺激を受けて、「よし、自分もこうするぞ」と気持ちが高ぶる経験は、誰にでもあると思います。そのときの決意、今も残ってますか。覚えてますか。

多くの場合、人は一時的に強い感情を持っても、どうでしょうか、

1時間もすれば、また美味しいものでも食べれば、その頃にはもうすっかり冷めていたり、忘れていたりすることが多いんじゃないでしょうか。

一時的に強い思いをいだくことより、その思いを長く持ち続けることの方がはるかに難《むずか》しい。

だからこそ強いんです。多くの人は、続けられないんだから。

また、同じ思いを長く持ち続けると、その思い自体が内面化されて、その人の一部になります。

「続ける」練習。

これも、欲張らないで、小さいこと、簡単なことでいいんです。

1日1回とか10分とかでもいい。それでも結構大変ですよ、毎日続けるって。

「継続は力なり」と言いますが、まさにその通り。
何をやっても三日坊主《みっかぼうず》のわたしは、しょっちゅう反省し「続けて」います。

33 「け・じ・め」三原則

修学旅行や宿泊研修などに生徒を引率《いんそつ》して行ったとき、わたしはいつも、生徒たちへの注意事項を「け・じ・め」の3点に絞《しぼ》って話していました。たくさん、くどくど言っても絶対に覚えられないですから。

「け」：怪我《けが》をしない
「じ」：時間を守る
「め」：迷惑をかけない

これだけです。

怪我《けが》や事故。これはできる限り防がなきゃいけません。学校は大事な生徒たちをお預かりしているわけだし、生徒本人にとっても、せっかくの楽しい旅行などが台無《だいな》しになっちゃいますから。

時間を守る、迷惑をかけない。これらは集団行動の鉄則《てっそく》です。一人でも集合時間に遅《おく》れたら、貸し切りのバスだって発車できないですし、電車や飛行機や船は待ってくれませんからね。

「け・じ・め」三原則、みなさんも、子どもと遊園地などに出かけるときに、約束ごとにしてはどうでしょうか。

34 ちょっと違う「ももたろう」

こんなお話があります。元の文は全部ひらがなですが、読みやすいように漢字に直したり、今の言葉に変えたりしました。

ももたろうが鬼ケ島《おにがしま》に行ったのは、宝物を取りに行くということでした。
よくないことではないですか。
その宝物は、鬼が大事にして、しまっておいたもので、持ち主は鬼です。
持ち主がいる宝物を、わけもなく取りに行くなんて、ももたろうはどろぼうで、悪者です。

もしその鬼が悪者で、世の中の迷惑になることをしているのであれば、ももたろうの勇気で鬼を懲《こ》らしめるのはよいことですが、宝物を奪《うば》い取って家に帰り、おじいさんとおばあさんにあげたとなると、それはただ欲のためにやったことであって、卑劣《ひれつ》この上ないことです。（＊11）


これは、福澤諭吉《ふくざわゆきち》が自分の子どものために書いた『ひびのおしえ』という本にあるものです。

きっと、**物事にはいろんな見方があるんだよ、誰かが言ってるからって、それを鵜呑《うの》みにしちゃいけないよ**、と教えたかったんでしょうね。

わたしもこれまでの経験から、「世間で悪人と言われている人は、実際には言われているほどには悪人でないし、世間で善人と言われているる人も、実際には言われているほどには善人でない」ということを発見しました。

6の巻

子どもの前ではこうしよう

35 貝原益軒の牡丹

わたしが気持ちのコントロールのために心にとめている話をご紹介します。

江戸時代の学者で貝原益軒《かいばらえきけん》という人の逸話《いつわ》です。たくさんの本を書いていますが、『養生訓《ようじょうくん》』が有名ですね。

こんなお話です。

ある時、益軒《えきけん》の外出中に、書生《しょせい》（住み込みで家事の手伝いをしながら勉強している学生などの若い人のことです。）が庭で相撲《すもう》を取って遊んでいるうちに、益軒《えきけん》が大事にしていた牡丹《ぼたん》の花を折ってしまいました。さあ大変。

何と言って叱《しか》られるかと青くなった書生《しょせい》は、自分で謝《あやま》るのがよほど恐かったのでしょう、隣の家の主人に頼んで詫《わ》びてもらうことにしました。ちょっと情けないですけどね。

話を聞いた益軒《えきけん》は、静かにこう言いました。

「わたしは、楽しむために牡丹《ぼたん》を植えておきました。牡丹《ぼたん》のために怒ろうとは思いません。」

いい話、深い話だな、と思います。

みなさんも、思い当たるような経験、ありませんか。

そういうときに、益軒《えきけん》のように冷静、寛容《かんよう》でいられるでしょうか。

益軒《えきけん》は、牡丹《ぼたん》を大事に育てていました。その花を相撲《すもう》なんかして遊んでいた書生《しょせい》に折られたのだから、心の内ではがっかりしたかもしれません。普通の人なら、いらないことをして大事な花を折りやがって、と腹を立てるかもしれませんね。でも、益軒《えきけん》はそうしませんでした。

益軒《えきけん》は、自分が育てた牡丹《ぼたん》が、人を幸せな気持ちにできるように、笑顔にできるようにと願っていたのだと思います。その願いを込めた牡丹《ぼたん》が、かえって人から笑顔を願い、人を嫌《いや》な気持ちにさせるようなことでは、益軒《えきけん》の願いとは正反対です。

プラスに生かせるといいなと思っていたことが、逆にマイナスに働くくらいなら、最初から無かったと思ってプラスマイナスゼロでいい、ということかなと思います。

些細《ささい》なことで腹を立てそうになった時、わたしはいつもこの益軒《えきけん》の言葉を思い出します。そのおかげで怒らずにすんだことが度々《たびたび》あります。

みなさんも「○○のために怒ろうとは思いません」というような考え方を、胸にしまっておかれるといいと思います。

きっと、みなさんの気持ちを楽にする場面があるはずです。

36 不機嫌な顔、してませんか

「不機嫌は罪」ということは、多くの人が言っているようです。だから特に誰の言葉、誰の名言というものでもないのでしょう。それくらい普遍《ふへん》的な、当たり前のこと、と言えるのかもしれません。

わたしは父方《ちちかた》が仏教、母方《ははかた》がキリスト教で、わたし自身は特に決まった信仰《しんこう》を持っていませんが、宗教関係の本はよく読みます。

マザー・テレサの言葉として、こんな話を読んだ記憶があります。

ある人が

「世界平和のために、何かわたしたちにできることがありますか」

と質問したところ、

「早く家に帰って、笑顔で家族を愛することです」

と答えられたと。

世界平和と、家庭の笑顔。

落差があると感じますか。

わたしは、同じものだと思います。

わたしは妻からよく「顔が恐《こわ》い」と言われます。

職場ではそう言われないので、ひょっとすると妻が原因ではないかという疑いもあるのですが、ここではそういう難《むずか》しい話はやめておきます。

外国の人から見て意味がないように見える日本人の愛想《あいそ》笑いを「ジャパニーズ・スマイル」と言うそうです。よい意味ではなさそうですが、わたしは、意味なんかあってもなくても、スマイル、いいじゃないか、という考えです。

とりあえず、ニコッとする。
とりあえず、ムスッとする。
どっちがいいですか。前者ですよね。
笑顔は人も笑顔にします。
不機嫌は人も不機嫌にします。

不機嫌な顔、してませんか。
嫌《いや》なことがあっても、気の重いときでも、できるだけ子どもには笑顔を向けましょう。

37 一回に一つだけ

ものすごく簡単、単純なことです。

子どもに話をするときは、できるだけ簡潔《かんけつ》に。そして、わかりやすく。

当たり前だと思われるでしょうけど、子どもに対して、いっぺんにたくさんのことを言う人って、多いんですよ。

「あれをああして、こうして、そのときは、あれはこっちで、これはそっちで、それはその後ろで、そっちのあれはこっちに持ってきて、その前にそれをそうやって、ついでにあれをこうすることも忘れずに」みたいに。

わかりませんよ、そんなの。

わたしだって、二つも三つものことを一度に言われても、たいてい最後の一つ以外は忘れます。

子どもは素直《すなお》だから、覚えようとして、混乱しちゃう。

原則は、言うのは一回に一つのことだけ。

また、「あれ」とか「それ」とか言ったり、わかっていると思って省略したりしないで、誰でもわかるように丁寧《ていねい》に教えてあげること。

これ、基本です。

38 叩かない

親として、強く後悔していることがあります。取り返しがつきませんが。

だからこそ、わたしと同じ失敗、後悔をしてほしくないな、と思うんです。それが、この本を書いた理由の一つでもあります。

子どもたちがまだ小さい頃、わたしは仕事がとても忙しく（言い訳《わけ》っぽいですね。イヤですね。）、夜中に家に帰り、朝早く出かける生活でした。子どもたちにもほとんど会えませんでした。そのこともあって、と言っても言い訳にもなりませんが、会っている時間は、濃《こ》く関わりたいと思っていました。子どもたちが悪いことをしたり、嘘《うそ》をついたりすると、よく手を上げました。つまり、叩《たた》いたということです。自分としては、やさしさと厳《きび》しさを両立しているつもりでした。でも、子どもたちの受け止め方、感じ方は違っていたんですね。わたしの勝手な思い込みとは。

わたしが子どもたちを厳《きび》しく叱《しか》り、何度も何度も顔を叩《たた》いたり、子どもが泣いても許さないで怒り続けたりしたことが、子どもたちの心に、わたしが思っていたよりもはるかに深い傷、暗い記憶を残してしまったようです。

しかも、これも情けないことですが、そのことを、わたしは妻から聞いて初めて知りました。子どもたちは、わたしには直接は言わず（言う気も起きないのでしょう）、妻にだけそう言っていたのでした。

自分で言うのも何ですが、わたしは、子どもたちを深く深く愛しているつもりです。子どもたちのためなら、今この瞬間にでも自分を捨てられます。

それほど大切に思っているのに。

叩《たた》かなくても、同じくらいの厳しさを伝えることはできたはずです。

もしも時間を巻き戻せるなら、絶対に、叩《たた》かないと思います。

もう一度言います。強調しておきます。

叩《たた》かなきゃよかった。

これがわたしの大きな大きな後悔。

他の人には同じ後悔をしてほしくないと、心の底から願っています。

39

親が謝る姿を見せる

親がよその人に謝《あやま》る姿を見るのは、子どもにとって、かなりショックなことです。

だからこそ、わたしは、子どもが友だちに悪さをしたときに、妻から話を聞いて、これはうちの子が悪いと判断し、すぐに子どもの手を引いて、その子の家に謝《あやま》りに行きました。そして、わたしが「申し訳ありません」と頭を下げて謝《あやま》りました。

幼い息子はそれを見ていたはずです。

親が子どもの代わりに謝《あやま》る姿を見せる。それによって、**自分のしたことが、そんなに悪いことなんだ、**とわからせたかったからです。

そのことを子どもがどう思ったのか、確かめたことはありません。覚えているかどうかも知りません。

でも、覚えているに違いない、と思っています。

これを書いている途中で、わたしがまだ幼稚園児だか小学生だった頃のことを思い出しました。

田舎《いなか》の家の畳《たたみ》の部屋で、家に来ていた柄《がら》の悪いオッサン（後に問題を起こして捕《つか》まった人です）に、祖父が大声で怒鳴《どな》られ、何度も頭を下げて謝《あやま》らされていた光景です。

事情はさっぱりわかりませんが、祖父は何も悪くなかったに違いないと思っています。

とにかく、とても忌《い》まわしい記憶として頭に焼き付いています。

わたしにとって、それくらいショックな光景でした。

40 人と比べない

もしかすると子どもの教育で一番大事じゃないかと思っているのが、**「人と比べない」**ということです。

この本の中でも、わたしが一番強調したいことかもしれません。

だって、人はそれぞれ違うんですから。

もちろん、その世界で一番を目指《めざ》すとか、超一流を目指《めざ》すというような人は、ライバルとの競争、戦いを意識する必要があるでしょう。

だから、「人と比べる」ことが必要な場面、効果的な場面があることは否定しません。

だけど、それは自《みずか》らそういう世界、境地《きょうち》を選んだ人の話です。

他人が横からどうこう言うことじゃない。わたしはそう思います。


どんなことでも、できる人、できない人がいます。

成長が早い人、遅《おそ》い人もいます。

そりゃ、できる人はいるでしょう。でも、わざわざ、もっとよくできる人と比べられて、「お前はダメだ、できない」なんて言われて、うれしい人はいないでしょう。だって、そのどこかの誰かができることは、その子自身には何の関係もないですから。

それに、わたしの経験では、子どもだってある程度の年になれば、人から言われなくたって、自分がどの程度の力か、うすうすわかってくるものです。内心がっかり、しょんぼりしているところに、わざわざナイフで傷をえぐって塩をすり込むようなことをするのは残酷《ざんこく》です。

比べる対象が違うんです。

比べるべき相手は、自分自身。たとえば、昨日の自分。1年前の自分。それなら、どれだけ伸びたか、何が新しくできるようになったのか、がわかります。

わたしの目標はいつも**「昨日の自分を超えていけ」**です。他の誰かに勝つことじゃありません。

41 誰もおとしめない

「比べない」ということで言えば、わたしはとても嫌いな、絶対にしたくない、すべきでないと思っていることがあります。

それは、**「何か（誰か）を持ち上げる（ほめる）ために、わざわざ別の何か（誰か）をおとしめる（悪く言う）こと」**です。

たとえば、Aさんという人をほめる。それはいいんです。Aさんの美点、長所を挙《あ》げれば。

だけど、そのときに、わざわざ「Bさんなんかより、ずっといい」とか、「それに引き換えBさんは」などと言って、Bさんをおとしめる必要がどこにありますか。ないのなら、いくらAさんを持ち上げたいにせよ、わざわざBさんを悪く言うようなことは、やめるべきです。

今は人を例にしましたが、仕事などでも、たとえばAという新しい仕組みを提案したい人が、その必要性や意義を強調したいがために、わざわざ今までのBという仕組みを悪く言うようなことがあります。動機がAをBより上に持ってくることだから、ことさらにBにけちを付けて悪く言いがちなんです。Bの関係者の側としては、たまったもんじゃないですけどね。

でも実際、そういうことをたくさん見聞きしてきました。だから、わたし自身は、そんなことはすべきでない、しない、と心に誓《ちか》っています。

42 あの子は○○だから

あることやものに名前をつけることで、本当は一つひとつ、一人ひとり違うものを、一緒《いっしょ》くたにして「わかったつもり」になってしまうことがあります。

「あの人、○○なんだって」「ああ、なるほどね」
「あの子の家は○○らしいよ」「ああ、それでか」
こんなようなやり取りは、きっとあちこちでなされているのでしょう。

たとえばどこかの道端《みちばた》や花壇《かだん》で見慣《みな》れない花を見たとします。

ある人は、それがどんな花なのか、よく観察しようと近づいて目をこらしたり、触《さわ》ってみたりします。へえ、ここがこうなっていて、端《はし》っこのあたりにこんな目立たない特徴《とくちょう》があって、葉っぱや茎《くき》はこんなふうになっているのか、と。

別のある人は、ああ、これは○○科の○○という花だね、と一瞥《いちべつ》しただけで通り過ぎます。

花の知識に詳《くわ》しいのは、後の人なのでしょう。

でも、その花をよく見て知ることができるのは、きっと前の人です。

もちろん、知識もあって、しかもよく見られる人が一番いいのでしょうが。

わたしは、こんなふうに、「○○は……だから」と決めつけるようなものの見方は、とても危ないと思っています。

教育の関係で言えば、たとえば「不登校の子どもは……だから」とか「発達障害の子どもは……だから」なんて、言えないはずです。だって、一人ひとり違うんだから。

公務員叩《たた》きや教員叩《たた》きみたいなこともそうですが、「どうせ○○は」というような乱暴な括《くく》られ方をするのはわたしは嫌《いや》だし、他の人もきっと嫌《いや》だろうと思うので、そんなふうに人を属性《ぞくせい》で決めつけるような見方、言い方はしないと決めています。

「あの子は○○だから」

……だから、何ですか。

一口に○○と言っても、共通する部分もあるでしょうが、本当は一人ひとり違うでしょう。その違いを見なくて、その子のことがわかりますか。

「あの子は○○だから」
そんな見方、言い方、禁句《きんく》にしませんか。（＊12）

いただきます!!

7の巻

学校とのつき合い方

43 教育の目標は一つじゃない

法律なんか見る気がしない、という人もいるかと思いますが、これだけはぜひ見ていただきたいです。

教育基本法という法律の、第一条と第二条です。

（教育の目的）
第一条　教育は、人格《じんかく》の完成を目指《めざ》し、平和で民主的な国家及び社会の形成者として必要な資質《ししつ》を備えた心身ともに健康な国民の育成を期《き》して行われなければならない。

（教育の目標）

第二条　教育は、その目的を実現するため、学問の自由を尊重《そんちょう》しつつ、次に掲《かか》げる目標を達成するよう行われるものとする。

一　幅広い知識と教養を身に付け、真理を求める態度を養《やしな》い、豊かな情操《じょうそう》と道徳心を培《つちか》うとともに、健《すこ》やかな身体を養《やしな》うこと。

二　個人の価値を尊重《そんちょう》して、その能力を伸ばし、創造性を培《つちか》い、自主及び自律の精神を養《やしな》うとともに、職業及び生活との関連を重視し、勤労《きんろう》を重んずる態度を養《やしな》うこと。

三　正義と責任、男女の平等、自他《じた》の敬愛と協力を重んずるとともに、公共の精神に基づき、主体的に社会の形成に参画《さんかく》し、その発展に寄与《きよ》する態度を養《やしな》うこと。

四　生命を尊《とうと》び、自然を大切にし、環境の保全に寄与《きよ》する態度を養《やしな》うこと。

五　伝統と文化を尊重《そんちょう》し、それらをはぐくんできた我が国と郷土を愛するとともに、他国を尊重《そんちょう》し、国際社会の平和と発展に寄与《きよ》する態度を養《やしな》うこと。

漢字が多くて読みにくいですか。すみません。

特に第二条は、わたしも講演などでよく取り上げます。ずいぶんたくさんのことを書いていますよね。もちろんどれも重要なことだからこそ、法律に書かれているんですが、その中でも、みなさんがそれぞれ、これは特に大事だよなあ、とお考えのことがあるのではないでしょうか。

第二条第一号の最初に「幅広い知識と教養」が出てきます。これはもちろん、超重要。すべての知的な活動の基盤《きばん》になるものですから。だからこそ、最初に書かれているのでしょう。

でも、教育で大事なのは、決して「知識と教養」だけではありません。それ以外のものも見てください。大切なことが目白押《めじろお》しです。ここに書かれてあることは、どれを取っても、一つ一つが、深く、重いものです。

わたしは学校の先生方に、こう話します。

知識と教養、とても大事です。でも、わたしたちがやっている学校教育は、けっしてそれだけを目指《めざ》すものではありません。ほかにも、人として大切なことがたくさんありますよね。それらの力を育てるのが、わたしたちの教育の仕事です、と。

教育は学校だけでもできません。

家庭のご協力が必要です。というより、本当は家庭こそが一番重要です。


教育基本法には家庭教育についての条文（第十条）もあります。その第一項は、こうです。


（家庭教育）

第十条　父母その他の保護者は、子の教育について第一義的《だいいちぎてき》責任を有するものであって、生活のために必要な習慣を身に付けさせるとともに、自立心を育成し、心身の調和のとれた発達を図《はか》るよう努めるものとする。

（第二項は省略）

「第一義的責任《だいいちぎてき》」。そりゃそうです。

子どもにとって一番重要な環境は、家庭です。だからこそ、みなさんに、子どもといっしょに「子育て」の時期を楽しんでいただきたいな、と思ってこの本を書いています。

44 「集団」が持つ教育力

公立中学校の校長を3年間やりました。

学校も、外から見るのと中に入って内側から見るのとでは、やはり見える範囲も景色も全然違います。

その時に知ったこと、学んだこと、感じたことはいろいろありますが、その一つが「集団」が持つ教育力の大きさです。

学校で言えば、クラス（学級）とか学年とか部活動とかですね。

子どもたちは、もちろん一人ひとりが独立した人間なので、それぞれに成長していきます。

勉強は、学校でなくても、家で一人ででもできますよね。それはその通り。

でも、例えばクラス。

わたしは、クラスも「良い集団」にすることが大事だと考えています。**「良い集団」は、メンバーが自然とお互いを高め合うような、目に見えない不思議な力を発揮します。**

学級運営でも、クラスを「良い集団」に作り上げることができれば、学力も、他のいろんな活動でも、子どもたちが互いに高め合って、自然と全体が伸びていくようになるんです。

別に、生徒同士で教え合っているとか、そういう具体的な行動がなくても、そうです。お互いの存在が、「頑張ろう」という気持ち、意欲を引き出しているような空気感です。

こういう**「良い集団」を作ることができれば、すべてが良い方向に回っていきます。**

反対に、「学級崩壊」と言われる状態のように、集団自体が壊れてしまうと、その影響は当事者だけでなく、やはり一人ひとりにも及びます。だからこそ、良い集団、高め合う集団をつくることがとても大事なんです。

そうそう。校長のとき、生徒たちに「受験も団体競技だよ」と話していました。これも、学校での実感です。

元校長の立場で言えば、学校は、それぞれのクラスや学年を「良い集団」にしようと努力しています。保護者の皆さんにも「集団の教育力」の大きさ、大切さは知っていただきたいし、もしも学校が困っていて、保護者の皆さんの力をお借りしたいというような場合には、ぜひ、ご協力いただければ幸《さいわ》いです。よろしくお願いします。

45 授業は本当に難しい

学校の話で、ぜひ知っていただきたいことをもう一つ。

授業って、本当に難《むずか》しいです。

一見《いっけん》、簡単そうに見えるかもしれません。1コマ45分とか50分とかで短いし、教科書もあるし、相手は子どもだし。

でもね、違うんです。メチャクチャ難《むずか》しいです。たぶん、普通の人がささっとやれるようなものじゃありません。

講演とはまったく違います。講演ならわたしもちょいちょいやります。1時間でも2時間でも3時間でも。

経済界の方、文化、スポーツなどの世界の方、大学の方など、いろんな方がやってますよね。

校長時代にゲストをお招きし、生徒たちにお話しいただいたことも何度もあります。

それはそれで新鮮だし、ためになるし、ありがたいですが、授業とは違います。

授業の何が難《むずか》しいか。

それは、一人ひとり、学力も理解力も興味関心《きょうみかんしん》も性格も、その時の体調や気分もまったく違う何十人もの子どもたちを相手に、決まった時間内に、決まった場所で、限られた空間（教室など）、環境（使える道具など）の中で、年間の指導計画に沿《そ》って、その授業時間でやるべき内容を、子どもたちの関心や発言を引き出しながら、そしてクラス全員の発言や反応を注意深く見て、それらを生かしたり、そこから話を広げたり深めたり発展させたり、みんなで立ち止まって考えさせたり、話し合いをさせたりしながら、板書《ばんしょ》（黒板に書くこと）や教材等を使って、その時間で押さえるべきポイントが子どもたちにわかるように、ちゃんと1コマを1本のドラマのように完結させないといけないからです。

難《むずか》しさを強調するためにわざとたくさん書いたんじゃないかと思われるかもしれませんが、これでも書き足りないくらいです。実際にはもっともっと複雑ですから。

自分でやってみれば、すぐわかります。事前に考え用意しておいた通りになんか、絶対に進みません。だって、相手は大勢《おおぜい》の子どもたちですから。

単発、一回限りならどうにかごまかしごまかし切り抜けられるかもしれません。でも、それを毎日、毎週、年間を通してやるんです。持ちませんよ、体も頭も。

わたしも校長時代、また他のときにも、何度か学校で授業をやらせてもらったことがありますが、計画から準備から練習から、まあ大変。そして本番は、もっと大変。一つ終わると、ヘロヘロに疲れます。シナリオ通りになんかいきません。時間の配分も難《むずか》しいし、子どもたちは不規則な発言や反応をしたり、もっとエライことをしたりするし、話し合いをさせようとしても思う以上に時間がかかったり。

それらを全部無視して、まるで生徒がそこにいないかのように一人でしゃべり続けたら、それは時間通りにはできるでしょうが、授業としては零点《れいてん》です。授業は生徒たちといっしょにつくるものだから。

板書《ばんしょ》だって、簡単に見えるけど、黒板に上手《じょうず》な字を書くだけでも、ほとんど神業《かみわざ》ですよ。

それから、先生方で感心するのは、声の大きさです。声の大きい人、声がよく通る人が多いです。体育館やグラウンドなどで全校生徒がワサワサ、ザワザワしてるところを、一声か二声で静かにさせるなんて、わたしには無理。

ついでにもう一つ。わたしは中学校の校長でしたが、小学校の校長は務《つと》まらんなと自覚したことがあります。

あるとき、小学校の入学式だったと思いますが、男性の校長先生が子どもたちにお話しする途中で、右手、左手、それぞれに腕人形というのでしょうか、キャラクターの人形をはめて、両手で人形劇《にんぎょうげき》のようなことを始めました。子どもたちはそういうのが大好きなんですよね。みんな背伸びしたりして一所懸命《いっしょけんめい》見て、聞こうとしていました。

登場人物の一人の名前が「まもるくん」だったので、交通ルールか何かの話だったのかなぁ。わたしはただただ呆然《ぼうぜん》と仰《あお》ぎ見ていました。

小学校大好きだし、小学生の歌声は天使のようだし、小学校でも仕事をしてみたい気持ちはあるけれど、あれはわたしは無理です（たぶん）。

46 親は黙っていてください

「親は黙《だま》っていてください」なんて、みなさんに申し上げるのは失礼ですけど、そういう題名で文章を書いたことがあります。中学校長のときの経験を踏まえてのものです。

「本人に答えさせてください。中学生ですから」

校長時代、何度そう言って親を制したことか。中には露骨《ろこつ》にムッとされる保護者の方もいましたが。

転入の相談、生徒指導などの際に、保護者にも来ていただき、生徒、保護者、学校の三者で面談をすることがあります。生徒に質問しているのに、助けを求めて保護者の顔を見る子ども。すぐに代わりに答えようとする保護者。

中学校は大人《おとな》になるための学校だから、できるだけ生徒を大人《おとな》扱いしたい、と言い続けてきました。自分の考えくらい、自分で言えないでどうしますか。

3年間、中学校で仕事をしましたが、想像していたより生徒がずっと幼いと感じました。

しかし、どうもそれは私の学校だけの話ではなく、もっと上の年齢まで含めて広がっていることらしいとわかってきました。

ある新聞社の管理職の方から、「新入社員が上司に怒られた翌日から出勤《しゅっきん》しなくなり、親から上司に電話がきた」という話を聞きました。その場にいた別の企業の管理職の人たちも「うちの会社でも似たようなことがある」と苦笑《にがわら》いされていました。

かつて北京《ぺきん》の日本大使館で仕事をしていた時、「娘が北京《ぺきん》空港で窓口が分からないと言っている」と大使館に、日本から電話をかけてこられた親御《おやご》さんがいました。娘は大学生で、中国に留学で来ていたのに、ですよ。過保護にもほどがあります。大使館で留学生も担当していたわたしは、がっくりしながら、「本人から連絡させてください」と話をしました。

親離れ、子離れができていないのでしょうね。

もしかすると、日本の社会全体が、若者を「子ども扱い」する期間が長すぎるのかもしれません。

中学生にもなれば、**自分の言葉で語らせることが、本人の成長のために不可欠**です。

大人《おとな》でも伝えたいことを言葉で言い表すのは難《むずか》しい。だからこそトレーニングが必要なんです。その機会を奪《うば》っては、いつまで経《た》ってもできるようになりません。

だからわたしは、生徒が泣いても、自分で答えるのを待ちます。そうすれば少しずつ語れるようになります。それが自信にもつながります。

子どもはそれくらいの力は持っています。子どもの力を信じましょう。

それを引き出すのが、親も含《ふく》めた大人《おとな》の責任です。（＊13）


厳《きび》しい、嫌《いや》な校長だな、と感じられたかもしれません。そんなことない（と自分では思う）んですけどね。

わたしは、子どもたちの力を信じています。信じているどころか、実際に生徒たちの成長を見てきて、彼らが伸びる力を持っていることを知っています。やったことがないからできないと思い込んでいるだけで、やれば、できるようになります。

そりゃあ、最初から上手《じょうず》にはできませんよ。でも、それは誰だって当たり前。だからこそ、練習が大事なんです。場数《ばかず》が必要なんです、成長のためには。

だから、上手《うま》くできなくてもいいから、自分でやってみる練習、失敗する練習を、たくさんさせてあげてください。

47 校則、どうする？

校則、どう思いますか。

わたし自身は、「校則のない学校」が理想だと思っています。

でも一方で、学校は学びの場なので、みんなが学習できるための落ち着いた環境を確保することは必要です。他の生徒たちへの責任として。

授業中に騒いだり暴れたりして、授業の妨害《ぼうがい》をする生徒がいたら、他の子たちが学べなくなります。

だから、その意味では、最低限のルールは要《い》ると思うんですよ。

もちろん、初めからそんな生徒はいない、という学校ならそんな決まりもいらないでしょう。

そういう問題が起こっている、最近も起こった、また起こるかもしれない、その可能性もありそうだという状況があれば、学校が予《あらかじ》めルールを決めておくのはやむを得《え》ないんじゃないですかね。

今ある校則の多くは、つい最近できたというより、かなり前に、そのときには必要があって作られたものが、そのまま、特にわざわざ廃止するまでもなかろうということで引き継がれてきたものだろうと思います。

どういうときに新しい校則、決まりが作られるかを想像してみてください。たぶん、何か問題や事故が起きたときですよ。それを止めるため、または再発を防ぐために、最初はやむを得《え》ず作ったものが多いんじゃないでしょうか。その時には保護者や、事柄《ことがら》によっては地域からも求められたんじゃないかと思いますよ。

その問題がなくなれば、本当なら校則もなくしたっていいんですが、廃止しないから何となく形だけ残っている。そんなことも多いんじゃないですかね。

「決まりを守る」のも世の中で大切なことの一つです。

でも、「エージェンシー」のところでも書きましたが、これからは、**「そもそも、その決まりは必要なの?」「そういう目的なら、こうした方がいいいんじゃないの?」というところまでさかのぼって考える**ことを期待したいです。

そうやって考えていっても、たぶん、人によって意見が割れることもあるでしょう。そのときには、自分の意見だけを主張し続けても話が進まないでしょうから、どうすれば全体としてよりよい解《かい》になるかを、探ったり、相談したりしていくことも大切ですよね。

そう、これって、校則、学校だけの話じゃありません。社会の決まりだって同じことです。社会ではいろんなことについて、意見が割れることを前提に、じゃあ最後は誰がどうやって決めるのかということを先にルールとして決めていることが多いです。「力の強い方が勝ち」じゃまずいですから。

たとえば、国の法律は、選挙で選ばれた議員の人たちで構成する国会で、普通の案件なら多数決（両議院でそれぞれ出席議員の過半数）で決める、というように。

その仕組み、今のルールも学んだ上で、ではどうやって変えていくのか、新しいものを作れるのか、そもそもその決め方のルール自体がそれでいいのか、といったことを考えるのは、学校を出た後でもとても大事なことだと思います。

48 家でできない経験を

学校では、教科の学習以外にもいろんな体験の機会を組み入れています。

たとえば、わたしが校長をしていた公立中学校では、運動会や文化祭（合唱コンクール）、修学旅行などのほか、宿泊学習、職場体験、農業体験、車椅子《くるまいす》体験などがありました。夏休みには希望制でしたが理科実験教室などもいろいろやりました。

他の項でも紹介しますが、0歳児とそのお母さん方、その1年後の1歳児とそのお母さん方に学校に来ていただいての「ふれあい学習」や、地域のお年寄りとの「ふれあい給食」というのもやっていました。

これらの赤ちゃんやお年寄りとのふれあい、職場体験、農業体験などは、昔だったらそれぞれの家や近所におじいちゃん、おばあちゃんや幼い赤ん坊がいたり、子どもも仕事を手伝ったりして、家庭や地域で自然にできていたことかもしれません。

でも今は、核《かく》家族化が進み、都市部では農業や自然体験の機会も減り、人工的にそういう機会をつくらないと、なかなかそういう体験のチャンスがないという家庭が多いのも事実です。

学校の強みの一つは、授業や行事に組み込めば、生徒みんなが学習や体験の機会を持てることです。学校としては、本当はそういう活動を採《と》り入れるのは、準備や事前・事後の指導、関係者へのお願いや相談、お礼、時にはお詫《わ》びなども含めて、結構大変なんですよ。でも、大事なことだと思います。どの活動も、やってよかったと思えますもの。

その区では、全部の公立小中学校で和楽器《わがっき》の授業がありました。何の楽器でしょう。

そうそう、そうです、箏《そう》なんです。お琴《こと》ですね。小中とも3時間だったかな。専門の先生に教えていただきます。2人に1面《めん》（お琴《こと》は1面《めん》、2面《めん》と数えます。）なので、かなりやれます。3時間もやると、簡単な曲をみんなで演奏《えんそう》できるようになるんですね。子どもたちも、教えてくださる人たちも、すごいなぁと感心します。

お琴《こと》を弾《ひ》いたことがあるのは生涯でその和楽器《わがっき》授業だけ、という人も結構いるんじゃないでしょうか。でも、やったことがあるのとないのとでは大違い。貴重な経験ですよね。

学校はすべての子にそういう、家ではなかなかできない「豊かな体験」をさせてあげられる場でもあります。

8の巻

人に言えない悩みごと

49 うちの子、問題児？

外で何か悪さをしたり、友だちと仲よくできなかったり、大人の言うことを聞かなかったり、じっとしていることができなかったり。注意しても、叱《しか》ってもなかなか言うことを聞かない。何回言っても直らない。

疲れますよね。

家の中だけならまだしも、外で誰かに注意されたり、学校から親が呼び出しをくらったり。

かないませんね。

「うちの子、問題児？」

心配になること、ありますよね。

わが家の息子たちもそうでした。

わたし、息子が幼稚園だか小学校低学年だった頃に、友だちをいじめたか何かで、息子を引っ張ってその子の家に謝《あやま》りに行ったことがあります。

学校で問題を起こして、親（わたしや妻）が呼び出されたことも何度かありました。

保護者として「反省文」を書いて（書かされて）学校に出したことさえあります。

本人も、部活動で集合場所を間違《まちが》えて遅刻《ちこく》したとかで、罰《ばつ》として頭を丸刈《まるが》りにしたこともありました。（急にそうせよと言われたのではなく、そういう約束だったのだと思います。素直《すなお》に従っていたので。）

かく言うわたしも、高校時代は生徒指導の問題児で、生徒指導主任の体育の先生に校舎中追いかけられたこともありますし、「このままだと卒業できなくなる」と担任から親に電話が来たこともあったそうです。（親が近くに住んでいたら呼び出されたのでしょうが、幸い（なのかどうか）離れた離島に住んでいたので、さすがに配慮《はいりょ》してくれたのでしょう。）

問題児。
いいじゃないですか、少しくらい元気でも。少しくらい人と違っても。

今はきょうだいの数が少ないから、その子がよその子と違っていやしないかと気になりますが、昔みたいに10人きょうだいとかだったらどうでしょう。たぶん、その中にはかなり個性的な子や、くせのある

子もいて、そんなに気にならなかったんじゃないですかね。大勢《おおぜい》いれば、
そりゃそれぞれ違うわな、って大らかに見られたんじゃないのかな。
世の中、もっともっと変わった人はいますよ。大人にも。
それに、ひょっとすると「変わっていること」「人と違うこと」がむ
しろ強みになることだってあるかもしれないし。
変わっていようがいまいが、その子はその子です。
どうしても直しておいた方がいいことはあると思いますが、少しは
大らかに構《かま》えた方が、親も子も楽になれると思いますよ。

50 うちの子、遅れてる？

よその子の成長や発達が多少早かろうと遅《おそ》かろうと大して気にもならないのに、こと自分の子どものことになると、えらく気になったりしますよね。わかります。わたしも経験しましたから。

でも、その後、時間が経って、子どもが大きくなってから振り返ると、単なる個人差だったんだな、心配するようなことじゃなかったな、とわかることも多いです。

うちでも、言葉が遅《おそ》いとか、トイレトレーニングが終わらないとか、時計が読めないとか、いろんなことが気になりましたけど、どれもいつの間にか解消《かいしょう》していました。ちょっとくらい遅《おそ》くても、どうってことありません。たいていの場合は。

もちろん、実際に障害や病気がある場合もあるので、一概《いちがい》には言えませんが、**多くの場合は「心配しすぎ」**だろうと思います。**少し気長に構《かま》えましょう。**

ただ、そうは言っても心配が消えないこともあるでしょう。わからないことをわからないまま、ああかもしれない、こうかもしれないと心配しても、いいことは一つもありません。

そういうときは、**一人で抱え込んで悶々《もんもん》と悩んでいても苦しいだけなので、早めに専門家の方、お医者さんなどに相談しましょう。**

それで気持ちが楽になることもあるでしょうし、必要な支援やアドバイスをいただけることもあります。餅《もち》は餅屋《もちや》です。専門的なことは、専門家に頼りましょう。

51

勉強を教えられなくても

これも中学校長の時の話です。

夜、学校を退勤《たいきん》して、外で他校の校長先生と会って話をしていた時に、学校から携帯電話に、ある保護者（父親）の方が怒鳴《どな》り込んで来られたのですぐに戻ってください、という連絡が来ました。

急いで飛んで帰って、長い時間、お話をうかがいました。

その保護者の方は娘さん（生徒）の関係で、ある教員に不満を持っており、その教員への怒りを爆発させに来られたのでしたが、その話はさておき……。

その後も何日もかけてお話をうかがい、またこちらからもお話をし、やがて誤解も解けて親しくなってきてから、こんなことを相談されました。

自分は子どもの勉強も心配だが、自分自身が勉強は苦手だったし、子どもの勉強を見てやることができない。どうすればいいだろうか、と。

わたしがお話ししたのは、こういうことです。

勉強の中身まで見られなくても構《かま》わない。わからないところがあれば、生徒本人から教員に聞いてもらえばいい。

家でお父さんにやっていただきたいのは、子どもが家で勉強していたら、**「がんばってるね」と声をかけてあげる**ことです。また、「どういうことをやってるの」と聞くのもいいし、「そうなんだ、すごいね」と言ってあげるのもいい。とにかく肝心なのは、**「見守ってるよ、応援してるよ」という気持ちを伝えること**です。

だから、そんなに背伸びしなくていいんです。

「がんばってるね」と親に言ってもらえるだけで、子どもはうれしいし、親の大きさを感じますから。

52 うちの子、反抗期？

子どもが全然言うことを聞かない。

何を言っても素直に聞かない。いろいろ突っかかってくる。

うちの子、反抗期？


……わたし、反抗期、激しかったみたいです。本人はあんまり自覚がなかったんですけどね。

親の言うことなんか、全然聞きませんでした。先生の言うことも。

でも、いつの間にか、大人《おとな》になってました。

反抗期は、子どもが成長する過程の自然な表れだと思うんですよ。

自分一人の狭《せま》い世界観から、家族、友だち、学校、地域、社会、と少しずつ世界が広がっていく。

そうしたら、自分の思い通りにいかないことがいっぱい出てきます。目の前に、高い壁《かべ》のように。

その壁《かべ》が気にくわないから、押したり、蹴《け》っ飛ばしてみたり、おしっこかけたりするわけですよ。

くそったれ。邪魔《じゃま》くせえ。どけ。壊《こわ》そうとして、いろいろやってみる。

でも、普通はなかなか動かない。

しかたないな、じゃあ、よけて遠回りするか、というように、自分の側《がわ》を変えていくことを学んでいくんですね。

反抗期って、そういう時期だと思います。

だからわたしは、父親としては、子どもにとっての高い壁《かべ》になってやろうと思っていました。

学校でも、先生の言うことにいちいち理屈《りくつ》で突っかかってくる生徒には、最初に言い分を全部吐《は》き出させた上で、その理屈《りくつ》が偏《かたよ》っていたり、ひとりよがりになっていたりすることなどを、一つ一つ話すようにしていました。ややこしくてかなわん、と腹を立てる先生もいましたけど、わたしは、かわいいな、と思ってました。

念のために言っておきますが、全員に目に見えるような反抗期が表れるわけではありません。まったく出ない子もいるそうです。内面の変化や成長が外の行動に出るかどうかは、人それぞれでしょう。

だから、「うちの子、反抗期がない。おかしいのでは？」なんていう心配もいりません。

心配したところで、無理やり「反抗しなさい」って言うのも変ですし。

反抗期はあって当たり前。やがて過ぎていきます。「期」なんだもの。

一方で、**なくても心配ありません。**

ということです。**どっちでもＯＫ。**

53 不登校、どうしたら？

いわゆる「不登校」の児童生徒の人数、割合が、随分《ずいぶん》多くなってしまいました。
わたしは、学校自体がもっと「懐《ふところ》の深い」ものになるべきだと思っています。

校長時代の経験から言っても、「不登校」って、本当に実態はいろいろで、ひとくくりにはできません。
先生や友だちが嫌い、勉強がわからない、苦手《にがて》なことがあって恥《はじ》をかくのが嫌《いや》、なぜかわからないけど頭やお腹《なか》が痛くなる、大きな心配事や悩み事があって学校に気持ちが向かない、などなど。
子どもは子どもなりに、自分の世界を持っています。
親や大人には絶対に言わない、見せないというものだってあります。
人間ですから。
だから、本当に難《むずか》しいんですよね、何が本当の理由、原因なのかを
知ることも。

わたし自身、学校はそんなに居心地《いごこち》のいい場所ではありませんでし
た。
だから、わかる気がするんです。
大学で心理学を専攻したのは、人の心の奥深さ、複雑さ、不思議《ふしぎ》さ
に興味《きょうみ》があったからです。
教育に関係する仕事に就《つ》いてからも、不登校の児童生徒のための適

応指導教室、フリースクールなどに、個人的にも足を運び、いろんな人のお話もうかがってきました。

今のわたしが保護者のみなさんに言えることは、子どもを「甘《あま》やかす」というのとは違うと思うんですが、苦しんでいる子どもの気持ちをわかってあげてください、わかろうとしてあげてください、上から踏みつけるようなことをしないでください、逃げられないような追い詰《つ》め方をしないであげてください、ということです。

不登校の子どもに限らず、わたしは、**子どもには「逃げ場」「隠《かく》れ家」が必要**だと思っています。

わたし自身は、田舎《いなか》に住んでいたので、よく一人で真っ暗な納屋《なや》に隠《かく》れていろんな空想をしたり、つらいときには山の上の祠《ほこら》のあるところや、海のそばの堤防《ていぼう》の上などに行って、一人きりで、雲や海の動きをただただぼんやりと見ていたりしました。そういう逃げ場、隠《かく》れ家がなかったら、壊《こわ》れていたかもしれません。真面目《まじめ》に。

不登校。学校に行けない。勉強が遅《おく》れる。友だちができない。あの子は不登校だと言われる。

心配ですよね。

でも、その子の命の方が大事です。その子の心が壊《こわ》れないことの方が大事です。

子どもの内面は、大人よりもずっと激しく揺れ動きます。刻々《こっこく》、変化し、成長していきます。1年後は、今とはすっかり変わっているでしょう。

物事には時間が必要なこともあります。

今は長く感じられるかもしれませんが、子どもといっしょに、その時間を、焦《あせ》らずに歩いていきましょう。

54 虐待、どうしたら？

数年前にある勉強会で、どんな社会を目指《めざ》したいかと聞かれて、「子どもへの虐待《ぎゃくたい》と、自死（自殺）がゼロの社会」と答えました。今でもそう思っています。

児童虐待《ぎゃくたい》、つまり子どもに対する虐待《ぎゃくたい》は、叩《たた》いたり蹴《け》ったりする暴力だけではありません。これらは「身体的虐待《ぎゃくたい》」と呼《よ》ばれます。他にも、「心理的虐待《ぎゃくたい》」「ネグレクト」「性的虐待《ぎゃくたい》」などがあります。どれも、小さく弱い子どもの心や体に、深い傷を残します。

こういうことも「児童虐待《ぎゃくたい》」に当たるのだ、ということは、知っておいていただいた方がいいと思うので、主な例を挙《あ》げておきます。ちゃんと読んでくださいね。

○**身体的虐待《ぎゃくたい》**：殴《なぐ》る、蹴《け》る、叩《たた》く、投げ落とす、激しく揺《ゆ》さぶる、やけどを負わせる、溺《おぼ》れさせる、首を絞《し》める、縄《なわ》などにより一室に拘束《こうそく》する　など

○**心理的虐待《ぎゃくたい》**：言葉による脅《おど》し、無視、きょうだい間での差別的扱い、子どもの目の前で家族に対して暴力をふるう（ドメスティック・バイオレンス）、きょうだいに虐待《ぎゃくたい》行為を行う　など

○**ネグレクト**：家に閉じ込める、食事を与えない、ひどく不潔《ふけつ》にする、自動車の中に放置する、重い病気になっても病院に連れていかない　など

○**性的虐待《ぎゃくたい》**：子どもへの性的行為、性的行為を見せる、性器を触《さわ》る、性器を触《さわ》らせる、ポルノグラフィの被写体《ひしゃたい》にする　など

「ネグレクト」は「無視する」という意味ですが、児童虐待《ぎゃくたい》では「育児放棄《ほうき》」といった意味だと考えていいと思います。

虐待《ぎゃくたい》といえば、多いのは暴力、身体的なものだろうと思われるかもしれませんが、実際には、厚生労働省の統計で一番多いのは「心理的虐待《ぎゃくたい》」で、その次が「身体的虐待《ぎゃくたい》」や「ネグレクト」です。

校長時代の経験でも、気になるのはむしろ「ネグレクト」や「心理的虐待《ぎゃくたい》」でした。

「身体的虐待《ぎゃくたい》」は虐待《ぎゃくたい》に当たることが明確なので、周《まわ》りも気づきやすいし、介入《かいにゅう》や支援も比較的しやすいのです。他方、「ネグレクト」や「心理的虐待《ぎゃくたい》」は、そもそも「気づく」こと、「見つける」ことが難しい《むずか》いで

すし、たいてい親は「やっていない」と言って認めませんから、介入《かいにゅう》や支援も難《むずか》しい。

それでも、学校では、生徒の様子や身体のあざ、服装や身だしなみ、顔色や態度の変化などから、虐待《ぎゃくたい》の疑い、兆しに気づくように努めています。また、いろいろな関係機関と連携《れんけい》し合うネットワークも持っています。

児童虐待《ぎゃくたい》では、被害を受ける子どもだけでなく、虐待《ぎゃくたい》をする親の側も、自分を責《せ》めて苦しんでいる方がおられます。周《まわ》りから見れば、まずは子どもを救《すく》わなきゃいけないのですが、実は同時に、親も孤立《こりつ》していたり、病気を抱えていたりして、専門的な支援、支えを必要としている場合が少なくないのです。

もしもそういう当事者の方がおられたら、わたしはこう言ってあげたいです。

苦しいですよね。悲しいですよね。

一人で抱え込んで苦しまないで、どうか、早くＳＯＳを出してください。誰かを頼ってください。

きっと、助けてくれる人がいます。

それが、あなたと、あなたの大切なお子さんを、今の状態から救《すく》い出すことにつながります。

勇気を、出しましょう。

55 公的な支援に頼っていい

経済的に厳《きび》しい中で、がんばって子どもを育てておられるご家庭も多いです。

生活保護や就学《しゅうがく》支援などの公的な仕組みを利用している方も大勢います。

わたしが校長をしていた学校もそうでした。どこだって、そうです。

経済支援のための仕組み、学費の補助のための仕組みも、いろいろあります。わたし自身、大学に行くときには、奨学金を二つ、一つは借りて、一つはいただいていました。

わたしがいた中学校では、卒業生から要《い》らなくなった制服や体操着、鞄《かばん》などをＰＴＡに寄付《きふ》していただき、それを必要なご家庭に安く、場合によっては無料で提供するという助け合い活動もしていました。そういうことをしている学校もたくさんあると思います。

困ったら、一人で、またはご家族だけで抱えて苦しまないで、学校や行政、支援活動を行っているＮＰＯやボランティア団体などに相談してみてください。

せっかく仕組みがあるのに、案外《あんがい》それを知らない、使えるのに使っていないという人も多いように見えます。

世の中の助け合いの仕組みは、そういう時のために、そういう人のためにあるのだから、何はともあれ、相談してみましょう。もしかしたら助けになるかもしれないし、直接の助けにならなくても、何か新しい情報が得られる可能性だってあります。

困ったときはお互いさま、ですから。

9の巻

ほっとする言葉

56 良くなってきたね

子どもへの声かけで、すぐにでも使える、素敵《すてき》な言葉をご紹介します。女優として活躍されながら大学院で学ばれ、その後、大学で教えてもおられる菊池桃子さんの本（『午後には陽《ひ》のあたる場所』菊池桃子著、扶桑社）からです。

菊池さんが子どもの頃、おばあちゃん（母方の祖母）がいつもかけてくれたという「魔法の言葉」。それは……

「桃子は良くなってきたね」

「桃子、前より良くなってきた」

というものでした。

他の誰かと比べるのではありません。その子が前よりも成長していることをほめ、しかも、それがまだ途上《とじょう》で、この先もっと伸びるんだよ、という温《あたた》かいまなざしを感じます。

テストで悪い点を取り、さすがに言われないだろうと思った時も「良くなってきたね」。

驚《おどろ》いて聞き返すと、こう言ってもらえたそうです。

「気付いていないかい？　桃子はテストに慣れて緊張しなくなったんだよ」「だから、緊張しなくなった自分をまずほめようね」

こういう人が身近にいてくれたら、子どもはがんばれますよね。幸せだろうな。

「桃子」のところを、その子の名前に置き換えて言ってみてください。

「○○は良くなってきたね」

「○○、前より良くなってきた」

本当に温《あたた》かくて素敵《すてき》な、魔法の言葉だと思います。

57 みっともない

昭和の時代に女優として活躍された沢村貞子さんが小学校2年生の時のことです。

全甲《ぜんこう》（今で言えばオール5）の通信簿《つうしんぼ》をもらい、得意《とくい》になって家に帰りました。

台所で煮物《にもの》をしていた母親に言っても、振り向いてもくれません。

そこでつい、

「できない子だって大ぜいいるのよ、左官屋《さかんや》さんちの初ちゃんなんか、この間も算術《さんじゅつ》ができなくて……」

と言ってしまいました。

途端《とたん》に振り向いた母親は、沢村さんにこう言って叱《しか》ったそうです。

「つまらないこと、お言いでない。人間、学校の勉強さえできれば、それでいいってわけじゃないだろ。初ちゃんは算術《さんじゅつ》は下手《へた》かもしれないけれど、小さい弟たちの面倒《めんどう》をよくみるし、ご飯の支度《したく》だっておまえよりずっと上手《じょうず》だよ。人それぞれ、みんな、どこかいいところがあるんだからね。先生にちょっとほめられたくらいで、特別だなんて、いい気になるんじゃないよ、みっともない。」

そのとおりかもしれない、と恥《は》ずかしくなった沢村さんは、「にぎりしめていた通信簿《つうしんぼ》をそっと背中にかくした」そうです。（＊14）

光景が目に浮かびます。

「みっともない」という感覚が、沢村さんと母親との間で共有されていたことがよくわかります。

普段の生活の中で人がどういう振《ふ》る舞《ま》いをするかは、この「みっともない」という感覚を自分の内に持っているかどうかで、大きく変わります。

たとえば、電車で足の悪いお年寄りが立っているのに、空《あ》いた席を目がけて我先《われさき》に座《すわ》ろうとする若い人を、わたしは「みっともない」と感じます。

でも、こういうことって、きっと言葉で言っても、通じない人には通じないと思います。だから、人のことはいいから、「自分は、みっともないことはしない」という意識や決めごとを自分の中に持っておいて、できれば子どもたちにも、自分の行動、振《ふ》る舞《ま》いを通して、伝えていけるといいな、と思っています。（＊15）

58 裾を持ちなさい

これは学校での指導でも大切なことですが、子どもへの話は、できるだけわかりやすく、子どもが理解できるように言った方がいいです。

そう書くと当たり前過ぎますけど、実際にはかなり難《むずか》しいことです。

「ちゃんとしなさい」なんて言うことないですか。

「ちゃんとする」って、どうすりゃいいんだよって、大人でもわかりませんよね。

子どもにはよけい無理です。わかりません。

たとえば、これば教育の世界ではよく知られている例だと思いますが、

「こっちを向きなさい」と言う代わりに、**「おへそをこちらに向けなさい」**。

浴衣《ゆかた》をたたむのに「きちんとたたみなさい」と言う代わりに、**「裾《すそ》を持ちなさい」**。

そんなふうに、理解しやすいやさしい言葉で、具体的なやり方を教えてあげた方が、子どもはできるようになるんですよね。

こういう言い方の一工夫《ひとくふう》、子どもの身になって考えてみるといいですね。どう言えばわかりやすいか、どう言えば子どもがやりやすいか。

オリジナルのものを無理にひねり出さなきゃ、なんてプレッシャーを感じる必要はありません。まずは試しに「おへそ」や「すそ」でやってみたらどうでしょうか。駄目元《だめもと》（駄目で元々）でいいじゃないですか。

59 誰がやってもいい仕事

直接「子育て」のことじゃないですが、子どもを育てながらお仕事をされている方も多いと思うので、ご参考に。

仕事、きついですよね。慣れないこと、面白《おもしろ》くないことだってたくさんあります。わたしだって、職場の関係者に聞かれるとイヤなので小さい声で言いますけど、そんなこともいっぱいありました。

特に若い人に知っていただきたい言葉を一つご紹介します。

フリーアナウンサーの高橋真麻《まあさ》さんのお話です。確か、新聞で紹介されているのを読んだと記憶しています。それ以来、わたし自身も心に留《と》めていますし、職場に新しく入ってきた若い人たちに話したりもしています。うちの子が就職したときにも伝えました。

テレビ局に勤《つと》めて数年目のこと（高橋さんは、フリーになられる前は、テレビ局にお勤《つと》めでした）。「誰がやってもいいような仕事しか回ってこない。だから全然やる気が起きなくて」と、父である俳優の高橋英樹さんに相談したところ、こう諭《さと》されたそうです。

「誰がやってもいいと言われた仕事こそ、一生懸命《いっしょうけんめい》やりなさい。そうしたら今度は真麻《まあさ》にお願いしようってなるから」

自分の仕事を振り返っても、本当にその通りだと感じます。

そりゃあね、多くの仕事は、「誰がやってもいい仕事」なんですよ。

でも、それを一所懸命《いっしょけんめい》、ちゃんとやれるかどうかが大事だし、人からの評価や信頼を得ることにつながっていくのだと思います。もちろん自分の自信にも。

報《むく》われないことだって多いですよ。投げ出したくなることだってあります。絶対に報《むく》われるなんて、誰にも保証はできません。

でも、自分の心の持ちようとして、とても大事なことだと思いませんか。

ね。がんばろう！

60 おばあさん仮説

「おばあさん仮説」という興味深《きょうみ》い話を聞いたことがあります。チンパンジーの心を研究している京都大学の明和《みょうわ》政子教授のお話でした。

霊長類《れいちょうるい》（ヒトも霊長類《れいちょうるい》です）の多くは死の直前まで閉経《へいけい》せず子どもを産《う》みますが、ヒトは閉経《へいけい》後も長く生き続けます。「おばあさん」の時期があるのは、実はヒトだけなんですね。

その理由を説明する考え方の一つが「おばあさん仮説」です。

要《よう》すれば、人間だけは、おばあさんが孫の世話にかかわることで母親の子育ての負担《ふたん》を軽くして、そのおかげで母親は出産後の体を回復させ、次の子どもを産《う》む準備に入ることができる、ということではないかという仮説です。

そう考えると、核《かく》家族化が進んで、三世代での同居や近居（近くに住むこと）がめっきり減ってしまったのは、親の負担《ふたん》を軽くできず、祖父母の経験や手を生かせないという二重の意味で、もったいないことかもしれません。

おじいちゃん、おばあちゃんに頼れるのなら、力を貸してもらいましょう。

また、これはなかなか難《むずか》しいとわかっていて言うのですが、本当は、子育てのためには、三世代同居や近居、または、実のおじいさん、おばあさんが無理でも、地域にいる子育て経験のあるおじいさん、おばあさんたちが、普段《ふだん》から赤ちゃんや子どもたちとかかわったり、育児に負担《ふたん》や不安を感じている親の手助けをするような、子育てにやさしい地域コミュニティをつくれないものかなぁ、と思ったりもします。

せっかく経験者がいるのにね……。

61 認知症の人への言葉

これは子どもへの接し方ではないですが、せっかくなのでお伝えしたくて書きます。こういうことを少しでも広めたくて。

認知症の方への声かけ、思いやりです。子どもたちにもいいお手本になると思います。

認知症の方は、記憶がだんだん弱くなり、親しい人の顔を見てもそれが誰だかわからなくなります。はたから見ると呆《あき》れたり怒ったりしたくなるかもしれませんが、ご本人からすると、知らない人たちに囲まれていろいろ話しかけられたりしたら、そりゃあ不安になります。

ある雑誌で読んだものです。そういう状況でお年寄りを安心させてあげられる、やさしい声のかけ方。

「おばあちゃん。**おばあちゃんはわたしたちのこと忘れてるけど、わたしたちはみんな、おばあちゃんのこと知ってるから、心配ないよ。**」

確か、両親（認知症のおばあさんの子ども夫婦）が困っていたときに、孫娘さんがそう言った、という紹介のされ方だったように記憶しています。

根っから心のやさしい人なのだと感じます。美しい言葉ですよね。初めて読んだとき、感動しました。

そういうやさしさ、見習いましょうよ。

認知症の人がいる日本中（世界中？）すべての家が、こんなふうにやさしい家になるといいな、と思います。

62 やさしくて素敵な「老婆心」

みなさんは「？」と思われるかもしれないけれど、わたしは素敵《すてき》だなと思っている、ある言葉を紹介しますね。

それは「老婆心《ろうばしん》」。

老婆《ろうば》、お年寄りの女の人の心ですね。辞書では「度《ど》を越《こ》してあれこれと気を遣《つか》うこと」なんてあります。あんまりよくないイメージですよね。

でも、わたしはある本にこう書かれているのを読んで、すっかり「老婆心《ろうばしん》」のファンになりました。

「老婆心《ろうばしん》ってどういうことですか」

「孫がコタツに入ってうつらうつらしているだろ。それを見て自分の羽織《はおり》を脱いでそっとかけてやる。これが老婆心《ろうばしん》だよ」（＊16）

掘り炬燵《ごたつ》のある田舎《いなか》の家に育ったせいもあるかもしれませんが、光景がありありと目に浮かぶ気がします。

こういう老婆心《ろうばしん》なら、持っていたいですよね。

わたしは「老婆心《ろうばしん》」、大好きです。

63 フリー・アンド・ビューティフル

子育て、育児の話ではありませんが、そういうことにもつながると思うので、最後にご紹介させてください。チャップリンという人が作った映画『独裁者』の中で、チャップリンが扮《ふん》する、独裁者にそっくりなために独裁者と間違《まちが》えられた床屋《とこや》さんが、大勢の兵士たちが集まった広場で行った演説からいくつか抜粋しました。一部、縮《ちぢ》めているところもあります。

英語なので、わたしの超下手《へた》な日本語訳《やく》をつけようかと考えましたが、それだと原文の美しさを壊してしまいそうなので、申し訳《わけ》ありませんが、ここでは英文だけにさせていただきます。（日本語訳《やく》は後ろに付けておきますが、できれば英文で見てください。）

The way of life can be free and beautiful.
But we have lost the way.

More than machinery, we need humanity.
More than cleverness, we need kindness and gentleness.

You are not machines!
You are not cattle!
You are men!
You have love of humanity in your hearts.

You have the power!
The power to create happiness.
You have the power to make this life free and beautiful, to make this life a wonderful adventure.
(＊17)

人生は、自由で美しいはずのもの。

私たちは、人生を自由で美しいものに、わくわくするような冒険にできる力を持っている。

そうしましょうよ。子どもたちの人生を、そういうものにしてあげましょうよ。

いろんな困難《こんなん》や障害があるのも事実です。

でも、あきらめないで、それを少しでも実現できるように、目指《めざ》していきたいですよね。

（私の超下手《へた》な訳）

人が生きる道は自由で美しいはずなのに
私たちはその道を失ってしまった。

機械より、私たちに必要なのは人間性だ。
賢さより、私たちに必要なのは親切さと思いやりだ。

あなた方は機械じゃない。
あなた方は家畜じゃない。
あなた方は人だ。
あなた方は心に人としての愛を持っている。

あなた方には力がある。
幸せをつくりだす力が。
あなたに方は、この人生を自由で美しいものにする力がある。
この人生をわくわくするような冒険にする力がある。

引用・参考文献

（＊1）『言志四録（四）言志耋録』（佐藤一斎著、川上正光訳注、講談社学術文庫）で紹介されていたものです。
（＊2）『いじめと不登校』河合隼雄著、新潮社
（＊3）『星の王子さま』アントワーヌ・ド・サンテグジュペリ著、池澤夏樹訳、集英社
（＊4）「東京新聞」２００３年10月22日、29面の記事より
（＊5）『月刊プリンシパル（２０２０年４月号）』（学事出版）「教育情報ななめ読み」欄「ここだったら下手と言われない」の一部を元に、加筆したものです。
（＊6）『月刊教職研修（２０２０年８月号）』（教育開発研究所）「新・教育直言」欄「茶色のクレヨンと涙」の一部を元に、加筆したものです。
（＊7）『内外教育（２０１５年６月26日）』（時事通信社）巻頭言「ひとこと」欄「心の傷」を元に、加筆したものです。
（＊8）『内外教育（２０１９年１月29日）』（時事通信社）巻頭言「ひとこと」欄「手」を元に、加筆したものです。
（＊9）『月刊教職研修（２０２１年４月号）』（教育開発研究所）「新・教育直言」欄「ウェルビーイングとエージェンシー」の一部をもとに、加筆したものです。

（＊10）『**内外教育（2021年7月2日）**』時事通信社、巻頭言「ひとこと」欄「子供の悲しみ」より

（＊11）『**ひびのおしえ**』福澤諭吉著（実際は『童蒙おしえ草　ひびのおしえ』福沢諭吉著、岩崎弘訳著、慶應義塾大学出版会　を参考にしました。）

（＊12）『**月刊プリンシパル（2021年3月号）**』学事出版「教育情報ななめ読み」欄「あの子は○○だから」の一部を元に、加筆したものです。

（＊13）『**内外教育（2012年4月17日）**』（時事通信社）巻頭言「ひとこと」欄「親は黙っていてください」を元に、加筆したものです。

（＊14）『**老いの楽しみ**』沢村貞子著、岩波書店

（＊15）全体を通し、『**月刊教職研修（2017年4月号）**』（教育開発研究所）「教育直言」欄「変える勇気」を元に、加筆しています。

（＊16）『**証言　村上正邦　我、国に裏切られようとも**』魚住昭著、講談社

（＊17）**The last speech from the movie『The Great Dictator』** by Charlie Chaplin

著者プロフィール

浅田和伸（あさだかずのぶ）

瀬戸内海の豊島という小さな島の生まれ。
２人の子供の（あまり出来のよくない）父。
公立中学校の校長、教育委員会、文部科学省、
大学などで仕事をしてきました。
妻からはネズミやミニチュアシュナウザー（犬）
に似ていると言われます。

子どもといっしょに成長しよう
3日で気が楽になる「親」の本

令和３年11月30日　初版第１刷発行

著　　　浅田　和伸
発行者　加藤　勝博
発行所　株式会社ジアース教育新社
〒101-0054　東京都千代田区神田錦町 1-23　宗保第２ビル 5F
TEL 03-5282-7183　FAX 03-5282-7892
E-mail：info@kyoikushinsha.co.jp
URL：https://www.kyoikushinsha.co.jp/

本文デザイン・DTP　土屋図形株式会社
表紙デザイン・イラスト　綿貫友希
印刷・製本　三美印刷株式会社
Printed in Japan
ISBN978-4-86371-604-9
定価はカバーに表示してあります。